从潘家园翻出的历史

翻出的历史

王金昌⊙著

中国社会科学出版社

图书在版编目(CIP)数据

从潘家园翻出的历史/王金昌著—北京：中国社会
科学出版社，2008.2
ISBN 978 - 7 - 5004 - 6701 - 4

Ⅰ.从… Ⅱ.王… Ⅲ.中国—近代史—史料—
通俗读物 Ⅳ.K250.6 - 49

中国版本图书馆 CIP 数据核字(2008)第 003515 号

责任编辑 杨晓芳
责任校对 郭 娟
封面设计 李尘工作室
责任印制 王炳图

出版发行 中国社会科学出版社
社 址 北京鼓楼西大街甲 158 号 邮 编 100720
电 话 010—84029450(邮购)
网 址 http://www.csspw.cn
经 销 新华书店
印刷装订 北京兴鹏印刷有限公司
版 次 2008 年 2 月第 1 版 印 次 2008 年 2 月第 1 次印刷
开 本 640 × 960 1/16
印 张 11.75
字 数 119 千字
定 价 22.00 元

目　　录

1

第三章　潘家园结缘

第一章
潘家园入门

刺激与启发

20 世纪 80 年代中期,我喜欢上了古玩。

那时,我在香港工作,深受香港古玩拍卖市场的影响,也试着在市场上买些瓷器、字画,但心中没底。

一次,在油麻地跳蚤市场,一位从内地移民到香港的所谓香港人,专买欧洲制造的旧机器零件,如齿轮、轴承什么的。他看到我是内地来的,手里拿着一个青花盘,就用挑衅的语气说:"你们内地'表叔',来这儿尽捡些内地的碗碟破烂,我们香港人,是捡人家发达国家的先进设备。"他的这番话,对我自尊心刺激很大。我当场反驳说:"先生,你捡的才是外国的垃圾,而我这是国宝!你知道'中国'的英文怎么说吗?"他说:"你怎么开口中国,闭口中国的,这里还不是解放区的天。"

我看话不投机,就走开了。

在香港时,我经常光顾鉴真邮品拍卖公司。有一次,老板拿出一枚贴有民国帆船邮票,盖有"洪宪元年"邮戳的袁世凯"洪宪"年实寄封,该封是从新疆伊犁寄往北京的,非常珍贵。这枚邮票当月的拍卖目录标底价五万港元。这数字比我两年的工资还多。老板说,这枚实寄封是他在国内花五元人民币买到的。中国昔昔兄兄到处都藏有宝贝,只要你懂,你有眼力,你有这个文物收藏意识,你用心去找……

这位老板的话给我很大启发,大大激发了我收藏的欲望。我心想,自己居住在北京,搞收藏也实在是天时、地利、人和。

我的启蒙老师

　　一个想进入古玩收藏的人，有了收藏的欲望还不够，还得懂得鉴别。首要是能辨别真伪。为了提高自己的鉴别能力，我到处寻找有关鉴定方面的书籍。当时，这方面的书籍很少。一次，我在香港湾仔一家旧书店看到一本《古玩指南》，就马上买了下来。这本书是著名文物鉴赏家赵汝珍所著，民国三十一年出版。赵氏在自序中开篇名曰：今日之中国，无一不遭外人之蔑视，其唯一之例外，即中国开化最早，历史悠久，历代所遗留之文物精美奇妙，光怪陆离，非任何外国所能企及，世人对之无不崇拜。中华民族之在今日尚夸耀于世，尚能为世人所称道者，唯此而已。

　　读着作者自序，我十分激动和感慨，简直像他乡遇故知。这本书坚定了我进行收藏的决心。

　　《古玩指南》目录里有字画、瓷器、铜器、古书、碑帖、古代砖瓦等共三十章。我就按顺序，先读字画部分，再读瓷器部分，尤其对瓷器部分读得特别认真。

　　我的老家在河北邯郸，离磁州窑、邢窑以及定窑、钧窑窑址不远。我从小生活在有较高文化的爷爷身旁，爷爷正房里摆有一对瓷瓶，耳濡目染，所以，一开始我对瓷器部分较感兴趣。加上赵氏的书中推崇宋元老瓷，我也特别喜欢老瓷器，因此，对瓷器章节读得较为细致。

4

赵氏的瓷器一章里共写了五节，第一节 瓷器源流，第二节 瓷器述要，

第三节 瓷器之作伪，第四节 瓷器之鉴别，第五节 瓷器之评价。

赵氏在《瓷器源流》中写道：古玩之价值均生自本体。今日贵重之古玩在制作之当时即已高贵，因年代之久远而更宝贵也。故唐代以前之瓷器真品固属不多，即偶得之亦不必认为稀世之宝。他又说：宋代瓷业最高进步，质料、颜色、装饰、做工等均有神奇之造诣，在吾国瓷业史上可谓登峰造极。数百年来均以为法。虽经元、明、清各帝王之极力模仿，卒未有能超越之，优美者其精妙当可想象。

他还依次介绍了定、汝、官、哥、钧的真伪鉴定特点。

赵氏在《古玩何以可贵》里讲道：古玩之可贵尽人知之，唯古玩之所以可贵，除少数人理解外，社会众生多是莫名其妙。怀疑者有之，误解者亦有之。怀疑者以为，珍贵古玩乃系有钱阶级之傲行，或系名人之盲动，藉此鸣高故为风雅。

误解者以为，古玩之可贵只在年代。凡古物即可贵，而愈古愈可贵，其实皆非也。"时代越久远价值越高"，是外行和初涉古玩者的普遍的错误概念。盖古玩之所以可贵者其重要之原因有二：一为古玩之自身者，一为人为者。

所谓自身者之原因，即古玩本质之精妙，做工之优良后世所不能仿做。我理解，比如官窑瓷器，"精妙做工"包含了很多内容，与现在比首先它不计成本；如果是官窑还要将式样、花色让皇帝任命的督陶官监工，甚至皇帝直接过目，由皇家窑工直接完成，不合格的当下碎掉，以防流入民间。可不是现代机器批量制造和唯利是图、粗制滥造的仿品所能比拟的。

前些年，电视采访一位自称专家的人，自仿汝窑瓷。当这位"专家"介绍了仿品如何如何好后，电视主持人问，那你说，宋代的汝窑瓷好还是你当今仿得好？"专家"竟信口雌黄："当然现代的好了！"

"专家"这种荒唐的误导还真见效，听说，潘家园地摊的仿汝瓷马上就涨价了。

所谓人为者原因尤多。赵汝珍在《古玩指南》中说："中国四千多年来完全为君主专制，在圣君贤相天下太平，四民乐业之时期，知识分子固可以畅所欲言，适所欲行。但翻阅四千多年历史；圣君贤相之时能有几何？多数为黑暗政治时期也。昏君暴君之政治下，愚夫愚妇固可以任受支配。稍有知识者，是非善恶之关能无动于衷乎？岂知专制政体下，批评时局、议论政治岂止自身不保，九族均为之担忧。是文人士大夫之脑筋固不能任意所思也，至静至动尤受限制，除读书从政之外，即不准有所活动。集会、结社，在当时均被视为妖行所为，国法所不许，亦议论所不容，万不得已辟出好古之途径，以古玩为唯一消遣妙品。次则，在当日专制时代，政治虽未必均上轨道，然一般官吏尚多畏于清议，其越礼非法之行为，亦必多方掩护，如果年俸不及百两之官吏，十年之后拥有千两以上之房产地业，明晃晃摆在街上，非为御史所必参，也为社会之所不容，古玩无定价，千元之物可以一元得之，为官吏者藏有倍于其所入之古玩亦为事理之所可行，故官吏均以收藏古玩为隐藏。"

　　《古玩指南》使我颇受教益，可以说，是我最好的启蒙老师。

从马路市场到潘家园

今是昨非，世道沧桑。北京的古玩市场经过多年流浪，最终定格在了潘家园。潘家园就成为闻名中外的古玩市场。

但是，北京古玩市场的形成和起步并不在潘家园。

20世纪80年代初，万象更新，港、台歌曲唱遍大街小巷。沿海改革开放日新月异。每每传来消息都让人振奋。当时，我写过一篇散文，题目叫《这里刮着南来的风》，发表在一家文学刊物上。人们在慢慢抛弃大锅饭和平均主义，不甘心一穷二白，男女青年开始穿牛仔裤，结婚置件两开门大衣柜。夏日，普通的饭馆里，一个龙头出啤酒，另一个龙头出自来水，混在一起卖，大人、孩子拿脸盆、饭锅从饭馆打回家，全家聚餐，招待客人。在大街上，要一扎从水管子里流出的新鲜啤酒一饮而尽凉爽无比。大家似乎感觉比北冰洋汽水还好喝，是因为它有一种与马尿味相似的洋味。

古董文物值钱，也是通过香港拍卖书籍传来。市场经济的萌生和发展，使得只可观赏的文物成了值钱的东西。在经济大潮中，古玩、字画也跃跃欲试地要涌向市场。

改革开放后的北京古玩市场的雏形，是在福长街。应该是在1980年，记不清具体时间了，《北京日报》有条小消息，大概意思是北京恢复了旧货市场，可以卖掉老家具什么的。福长街五条，街两旁不足百米长的一条小街，哩哩啦啦的全是旧货，旧货里夹杂着古董。

在福长街那里，有个姓金的人，由于脸上长有麻子，人们叫他金麻子。金麻子是皇家后裔，住的是临街的大杂院平房，他家里有些东西。起初，他拿出来在胡同里卖，别人看没人管，也把旧货古物拿出来摆摊，后来，人越来越多起来。

我的逛地摊朋友于先生回忆说，福长街五条给他留下了难忘的记忆。那时，他在体委工作，月初领到工资后，在福长街用35元买了一只元青花棱口盘，盘内底绘鸳鸯戏水，口径有约20公分。回家后忐忑不安，他是第一次花这么多钱买了个没用（不能使用）的东西。拿给老婆看，老婆惊得半天说不出话，好家伙！35元钱是一个月工资除了吃饭拿回家的余额了，居然买了个小菜碟！上有需要赡养的老人，下有上小学的孩子，这一个月的生活费没着落了。他想来思去，坐不住了，又折回福长街退货，卖主却找不到了。天呀，他像丢了东西一样，一溜小跑，边打听那个卖青花盘的人边喊叫。正在垂头丧气想着回去怎样给老婆交代，不想碰上了北京文物公司的秦公，秦公看了盘后说，他要了。这是秦公给首都博物馆买的，至今仍放在首博，今天的这个棱口盘，应该是值35万元的。

在福长街时期，我至多是看看。挣几十元工资的我，养家糊口已不宽裕，就更别说购闲置之物了，但记忆还是有的。在福长街五条，旧的家具到处都是，明清家具中，黄花梨、紫檀也不少，大都不高于当时双开门大衣柜80元的价格。有人趁机把鎏金铜佛、瓷品、字画放在衣柜和书架的格子里，偷着卖。

以后是象来街、后海……古董交易是一发不可收拾。

文物部门曾提出旧货市场有倒卖文物的嫌疑，使刚刚萌生的古玩地摊受到重创。古玩市场成了站马路、溜墙根，被执法部门到处追赶、逃跑、躲藏的游击市场。

真能称为文物摊儿的时候，据我记忆，应该是后海算一站，时间应在20世纪80年代后期，大概是1987年左右，先在银锭桥周围的住家墙根，后来在一片有土堆的空旷地。在下面《初涉古玩》一文中，我提到我买的书写有《山坡羊》词的元代磁州窑大罐，就是在后海买的。

从潘家园翻出的历史

8

20世纪90年代初的潘家园

20世纪90年代前的潘家园

　　古玩的足迹是从西往东移。依次是：劲松百货商场南边，坑坑洼洼的一片建筑工地上；再后来，是华威桥下和桥东侧的路边，沿路一长条空地，一下雨，就在华威桥下避雨。

　　这都是在没有围墙的空旷地里。我想原因有二：一是没有任何部门敢划地买卖古董，二是执法部门查抄时好跑。

　　过渡到有围墙的地摊，是现在华威桥西北侧，现古玩书画城的地域。当时，可能是那里刚拆迁，有二三亩地砖墙围着的空旷地。河南人造的北魏假陶，骗文博单位上当，就是在这个地方发生的。

　　这大概是1992年的冬季或1993年的初春时间。

　　最早的店铺，应该是在白桥和红桥两处，应是20世纪80年代末。店铺是简易的铁皮房。我在白桥市场买过《秋山行旅图》，上画有七位老叟，各骑一头毛驴，诙谐洒脱，神态各异。他们沐浴着午后的阳光，走过小桥，走在两旁是柳枝拂脸的窄路上，向着山村而去。有柳体书法"斜阳垂柳溪桥路，谱作秋山行旅图"。这张画虽不是出于大家名人之手，但由于它是我在较早时收藏于白桥铁皮房古玩市场，至今珍藏。

9

1997 年的潘家园

潘家园市场雏形

我家住在崇文门，所以后来逛潘家园，路过白桥时，总想起当年的铁皮房，它常常让我流连忘返。

　　同时间的铁皮房古玩店，还有后海的地摊旁的荷花市场，荷花市场卖花、鸟、鱼、虫，有几家铁皮房。外地来后海摆摊的卖主，货没卖完，把货落脚到荷花市场。几个原来做花鸟生意的人，从旁边摊上买的古董在店里边卖。这些东西，比鱼和鸟好出手，价钱好，利头大，干脆由卖花、鸟、鱼、虫，改摆古董卖。这也就有了几家铁皮房子的古玩店。

　　稍晚些时间的铁皮房式的简易古玩店，还有位于劲松中街的一处。

　　至此，所有的古玩地摊、简易房店铺，都是自发的。所有的卖古玩的店铺，当时不可能叫古玩店，大都叫旧货、工艺品市场。

　　20世纪80年代末的华威桥的古玩摊和劲松百货商店北侧的建筑土地摊，应该属于潘家园地摊。潘家园正式成为古玩市场，已是90年代初了，大概是1992年左右。

　　北京的古玩地摊和北京古玩城，之所以最终能落定在潘家园，应该是天时、地利、人和所致。所谓天时，是市场经济的大潮和香港古玩市场的影响，使得有经济价值的古玩字画，静止地摆在家里，藏在柜里，不进行商品交换，已做不到；所谓地利，是潘家园地区临近二环和三环路，交通便利，起初是便于外地周边地区（如在清代就拥有古玩集散地之称的河北雄县、肃宁）的卖货人；所谓人和，是朝阳区政府有前瞻眼光，看到了古玩市场的未来，因势利导成就了潘家园。

　　潘家园，所以成为驰名中外的古玩市场，实在是历史的抉择。

初涉古玩

    大概是 1988 年，初春的一天早晨，我正式加入了逛后海地摊早市的行列。

    在德胜门内下车，穿过滨河胡同，一条路展现在眼前，路左侧是什刹海，右侧是宋庆龄故居。宋庆龄故居位于后海北河沿 46 号，是一座僻静、秀丽的花园式的宅院。朱红色的大门，面对着波光粼粼的后海，大门上悬挂着"中华人民共和国名誉主席宋庆龄同志故居"的金色大匾。这里原是清朝末代皇帝溥仪的父亲醇亲王载沣的府邸花园。故居对面，什刹海岸边垂柳丝发出绿芽，枝条垂落直达水面，飘出阵阵清香。再往东走，不远是银锭桥，从小桥走过，南侧就有了摆文物摊的了。后来，这些摊贩又移到荷花市场旁边，有几个土堆的一片空阔地。

    我记得，第一次在这里购买的是元代磁州窑大罐，花了 120 元钱。磁州窑窑址在邯郸的磁州（现名磁县）观台镇，故称磁州窑。因为我是邯郸人，所以，我对磁州窑有特别的感觉。我买的这个磁州窑大罐，罐腹饱满如瓮，通体用褐彩书写元代初年河南布政使陈草庵的《山坡羊》词："晨鸡初报，昏鸦争噪，那一个不在红尘里闹？路遥遥，水迢迢，利名人都上长安道。今日少年明日老，山依好，人不见了。"书法刚劲有力，酷似当时的书法名家鲜于枢、冯子振的书风。以后不久，我又在这里买到宋代磁州窑墨彩龙凤图扁壶。

那时的古玩地摊真东西确实多，除非是老乡自己看不出来，误把假的当真的卖。很少有像今天，把新东西摔碎粘上做旧，精心仿制，还旁边站个托儿，招引买人的拙劣行为。

　　有赵汝珍的《古玩指南》作指导，又有了实物；而且，我对磁州窑也进行了一番真真切切的研究。磁州窑瓷器以富有乡土气息与民间色彩著称。瓷器上的绘画多取材于生活，由于是民窑，绘画装饰也更加富于平民味道，生活意趣与幽默感非常丰富。

　　那时，我几乎每个周末都来这里逛地摊，每次都有收获。

巧遇陶瓷鉴赏专家冯先铭

　　20 世纪 90 年代初，中国著名的古陶瓷专家、故宫博物院顾问冯先铭先生也加入了逛文物地摊的行列。冯先生早年毕业于北京辅仁大学，主编过《中国陶瓷史》，是著名的文物学者。

　　冯先生逛地摊，给逛地摊的人正了名，壮了胆。当一些人耻笑我们是到"垃圾堆"捡破烂时，我们终于可以拿出冯先铭逛地摊进行反驳。"你们知道冯先铭吗？他是故宫大专家！故宫专家还去呢！那怎么是垃圾堆，怎么叫捡破烂？那是在给国家发现宝贝，我们是怕外国人捡走我们的国宝啊！"

　　当时，由于还没开禁古玩交易。工商、文物甚至公安部门都出动，时不时去轰去抄。不知多少次，只要有人喊"警察来了！"卖主和买主提起货就跑，不知打碎了多少好东西！

　　那时，周末地摊早市是在劲松电影院南边的一片土堆上。一个周末，我发现一个雄县摆摊人面前的竹篓子里边有只大约 35 公分高的成化青花婴戏纹梅瓶。孩童栩栩如生，平等青料，白地里透出浅浅的鸭蛋青。虽然成化无大器，但此件在成化瓷中已属少见的大器。它虽没年款，但确是上等的官窑器。梅瓶接近底处开裂，但懂行的人都知道，那是子母口对接，是明代瓷器工艺的特征。

　　我正拿着梅瓶观察，一个文质彬彬、高挑身材、头发花白、气质不凡、风度翩翩的慈祥长者走到我跟前，悄声说，是成化的，你买得起。他大概知道我刚从香港调回，有点闲钱。我出价 3000 元，卖主说 4000 元，少一分都不卖。一口价，从买主心理上一般是接受不了的。假如卖主开价 5000 元，我就可能出 4000 元。在当时，市场上开价 5000 元的几乎没有。回到家，我想着早晨见到的成化瓷，坐立不安。吃完午饭又返回市场，卖主已不见了。

好容易等到下个周末了，一大早我便赶往市场，找到那位雄县人，他说已经被人 4000 元买走了。

那位长者见到我问，你买了吧？我说没有啊，已经卖了，长者啧啧了两下，没再说话。我问，也不是您买的？长者说，是你先看到的，你在还价，你没说不要，我怎好意思要呢？

后来，我才知道，那位长者，正是著名古陶瓷专家冯先铭先生。我至今为冯先生的美德所感动！

第二年，在香港嘉士德给我寄的春季拍卖书上，我看到了这件瓷器，底和身子粘在了一起，估价 80 万~120 万港币。

青花瓷与清代督陶官唐英

　　20世纪90年代初，古玩在墙角和马路上被工商、公安到处追赶的局面基本结束，古玩城已见雏形。当时搭起的是一些铁皮房子。

　　我从香港刚调回京，节假日经常逛古玩市场。在古玩城一家陈女士的店里，一件有清唐英铭文的大香炉，引起我极大的兴趣。由于受我的启蒙"老师"赵汝珍先生《古玩指南》的影响，我还非常热衷于宋元瓷器的收藏。我之所以对唐英炉感兴趣，是因为在前不久，看到台湾郭良蕙女士主笔的艺术品专业刊物《龙语》杂志上，刊登了一篇署名刘炜《唐英铭款青花供瓶谈略》的文章。从此对唐英铭款青花花卉香炉和唐英留下较深刻的记忆和想念。

　　我将此事告诉了认识的某博物馆研究员。在我的再三请求下，他跟我去看货。他看货后说，故宫没有这件东西！言下之意，这是赝品！我说是残缺的。他说，新东西弄坏不也很容易吗?!

　　专家断定是赝品，根据是宫里没有类似东西。

　　回到家后，我怎么也安定不下来。我又返回到那家店。经过讨价还价，7000元买下唐英铭款青花花卉香炉。卖主陈女士跟我说，刚才来的那个人根本不懂，就在昨天，一个白发老头带着一位中年女士给我6500元，但是7000元我少一分也不卖，他们说回去商量。

　　陈女士为说明唐英铭款青花花卉香炉是真的，还讲了此炉的来历。她说，那是"文革"闹得最凶的年头，我和我家里那口子，当时都是中学生。我俩在一个大院里看"破四旧"查抄品，那放在露天大院子里的瓷品啊字画啊堆得像小山，任雨淋着。我们看这个香炉可以放米，就搬回了家。这个炉，起先是掉了一条腿，还有两条腿，就用砖支着当米缸。后来又掉了一条腿，我家老爷子就把仅留的那条腿给掰掉了。这不，就成了这个残品了。

我对唐英铭款青花花卉香炉观察良久，伤足的疤痕很旧，不像新的，像是因缺损一足，香炉无法站立，而凶狠无知地砍掉其余二足。我心里诅咒，真是罪孽！

唐英炉，也使我从此研究上了明清青花瓷。

研究中国瓷器历史的人都知道，清代带有唐英铭文款的瓷器非常珍贵！它代表了乾隆时期制瓷工艺的最高成就和精湛水平，是研究乾隆前期官窑青花工艺及断代的标准器。特别是此时制作的"佛前五供"器，既有作者的姓名和制作目的，又有具体的制作年代，因而成为稀世珍宝。北京故宫博物院的研究人员曾撰文指出，"所谓佛前五供，一般是指佛像前供奉的一对供瓶，一对烛台和一个香炉。遗憾的是这套佛前五供还未见到香炉，不知散落何方"（见《故宫博物院院刊》1992年第2期）。

就目前的资料来看，唐英所制的五供中的供瓶发现四件：一件收藏于中国历史博物馆；另一件收藏于上海博物馆；还有一件在香港苏富比拍卖行1986年被拍卖；第四件被香港徐氏艺术馆收藏。有烛台一件，收藏于英国国立维多利亚·阿尔拔工艺博物馆（Victoria and Albert Museum）。

关于五件供器中不可缺少的香炉，迄今为止一直是个未解之谜。

我这件是不是呢？

这件有唐英铭款的青花花卉大香炉（残器），十分可惜，炉底的三足已被齐刷刷地砍掉了。此炉高39厘米（不含足），口径30厘米，腹径45厘米，阔口，硕腹，圆锅底，缺足。里光素，外口下绘有青花如意云头纹，腹上凸起弦纹三道，绘青花纹饰，腹部以青花双边线勾勒出扁方形开光，开光内满绘大朵的缠枝莲花。开光内有七行六十九字楷书铭文："养心殿总监造　钦差督理江南淮宿海三关　兼管江西陶九江关税务　内务府员外郎仍管佐领加五级　沈阳唐英敬制献东霸天仙圣母案前永远供奉　乾隆六年春月谷旦。"香炉虽已残缺，但就炉体来看，造型仍然十分独特，不同于同时期一般香炉的形制，硕肥如瓮，腹部相当饱满，既可绘制精美图案，又可书写长篇铭文，可谓匠心独运。香炉的底釉青亮而洁白，没有一丝杂质，通体的青花纹饰仿宣德"苏泥勃青"料的艺术效果，翠兰中闪现着黑亮的结晶斑点，深沉浓丽，亮艳无比。楷书铭文，笔画圆润潇洒，具有深醇的书法功底，显现着乾隆时期的馆阁体书风，绝非一般工匠能为之。它与现存于中国历史博物馆乾隆六年的供瓶上的铭文、英国国立维多利亚·阿尔拔工艺博物馆的乾隆六年的烛台上的铭文如出一辙，应是出自一人之手的精心之作。此件缺足香炉与上述两馆的供瓶与烛台，不论是在花纹装饰、风格、铭文、制作年代上，还是在烧制技术上都十分接近，有可能是同一套五件供器！

宣德炉

收藏于上海博物馆的供瓶，为乾隆五年制；香港苏富比拍卖的供瓶为乾隆五年制；而香港徐展堂博士藏品供瓶，虽是乾隆六年制，但青花纹饰和供奉地点却不相同，所以和这件缺足香炉不是一套供器。

　　按照目前发现的乾隆五、六年制作的供瓶和乾隆六年制作的烛台来推论，唐英于此间至少烧制了三套青花五供器，以每套有两件供瓶、两件烛台、一件香炉计算，那么至少存世的应有六件供瓶、六件烛台、三件香炉。

　　唐英铭款青花花卉香炉实物，和刘炜先生的《唐英铭款青花供瓶谈略》，也使我对唐英产生了浓厚的兴趣。唐英作为一名清代的督陶官，在中国陶瓷发展史上曾写下过辉煌的一页。他的一生，除前半生供奉宫廷外，后半生便与瓷务结下了不解之缘。他在雍正六年至乾隆二十一年先后榷陶达二十余年之久，是景德镇御窑厂发展史中督陶时期最长、成就最显著的一位督陶官。

　　许多历史文献均记录了当时"唐窑"的卓越成就。如《清史稿·唐英传》说："英所造者，也称唐窑。"《景德镇陶录》记述当时的盛况云："仿肖古名窑诸器，无不媲美，仿各种名釉，无不巧合；萃工呈能，无不盛偏……厂窑至此，集大成矣。"《清史稿·唐英传》、《浮梁县志》也曾记载当时"唐窑"仿古器物自宋大观以来，"历史诸官窑及哥窑、定窑、钧窑、龙泉窑、宜兴窑甚至西洋、东洋诸器皆有仿制，且仿古彩今各类釉色达五十七种之多"。《钦流齐说瓷》称这个时期的制瓷工艺"几乎鬼斧神工"。《古铜瓷器考》亦赞曰："有陶以来，未有今日之美备。"

　　唐英于乾隆五六年烧造这些供瓶供奉各处庙宇，究竟出于什么动机？虽然史料并无详细记载，但是，在唐英所著《陶人心语》中却能查到一些史实。如乾隆五年，唐英在其五十九岁时又得一丁（见《陶人心语续选》卷三），"庚申中秋后三日，三子生于江州使署，赋以识之"，"三子万宝以八月十八日生于江州使署，友人贺以诗四次其韵"。

正是由于老年得子，唐英当时的心情定是感到喜从天降。又乾隆六年，时逢唐英六十岁寿辰，其次子寅保榜发科中，"辛酉榜发时，正奉使浔阳。闻寅儿获隽漫成二首示勉"。此时的唐英更是百感交集，因为在封建社会里"父以子荣"，其子榜发科中是光宗耀祖之事。

唐英属汉军正白旗，而非满族旗人，其地位更在满族旗人之下。尽管他十岁读书，博学多识，天资聪慧，但其家人"急欲其建功王家，不令卒举子业，年十六即供奉内廷"，但终因"隶籍内务"世为皇帝奴才，不能出身科举，攀登仕途。他十六岁起进宫廷为侍从，供役养心殿二十多年，四十三岁那年才"仰蒙高厚殊恩，拨置郎署"。四十七岁时以内务府员外郎头衔"奉使江西监视陶务"，年近五十才领从五品职衔，历经仕途坎坷，可谓饱经人事沧桑，因此，对其次子寅保"榜发科中"十分看重。还有一层意思，就是教育后代世代清廉，故以青花缠枝莲花做图案，供奉圣母案前。

唐英一生信奉佛教，自号"陶成居士"、"沐斋居士"、"蜗寄居士"。他在《陶人心语》中所写的"忍字八则"，正是他笃信佛教的体现。在他督陶期间，景德镇瓷器纹饰上也多用"八宝纹"、"莲花纹"、"八吉祥纹"等。由此看来，唐英在花甲之年喜得贵子后，又逢次子"榜发科中"、仕途有望之时，精心制作这些供瓶分献各处是顺理成章之事，其目的就是求神仙菩萨，继续保佑他全家安康幸福，同时也祈求其次子仕途远大。

刘炜先生在《唐英铭款青花供瓶谈略》中认为，乾隆五、六年间是唐英督陶史上的一个多事之秋。此间，景德镇御窑厂的瓷器生产已经由雍正年间的高峰期开始走下坡路，皇帝也常常为瓷器粗糙之事责问唐英。如乾隆六年六月，皇帝发怒，传旨海望，"着瓷器处不必烧造"，七月唐英上呈奏折，"皇帝英明，不但去年，数年以来所烧造者，远逊雍正年间所烧者"。唐英因为督陶业绩显著曾颇受皇帝青睐，他身为内务府员外郎权淮、权浔，在清朝这个职务已经比知府还高了，不免累受满人排斥嫉炉和打击，更由于宝亲王弘历当上皇帝后，制造了满汉之间的界限，使情势更当危如击卵。乾隆六年，乾隆皇帝因听信谗言，传旨责问唐英历年瓷器烧造经费情况，明显对唐英有克扣经费、偷工减料之疑，唐英为此忧心忡忡。这正是唐英非常担心之事。因此，他在供奉庙宇的五供器中皆以青花缠枝莲做图案，表明自己清白廉正。七月，唐英钦奉朱批曰："旨到可将雍正十、十一、十二、十三等年所费几何？乾隆元年至乾隆五年所费几何？一一查明造册奏闻备查，仍缮清单奏闻。"乾隆五年十一月，唐英奏请派员往景德镇御窑厂监造瓷器。"因江西瓷厂监造乏员，具奏折请派员前往烧造。"（见《唐英奏折十号》）乾隆六年，皇帝因瓷器粗糙传旨责斥唐英，唐英呈折陈述缘由："奴才钦承之下不胜战栗惶悚，伏查上年秋间正值监造催总默尔森额抱病之时，奴才又距厂三百余里不能逐件指点，以致所得瓷器不无粗糙。"（见《唐英奏呈皇帝》）乾隆曾责令唐英赔补银二千一百六十余两。

乾隆八年，唐英作《即事有感》四首，终于流露出愤懑不平之感，其中一首写道："高才捷足宦途身，障眼浮云变古今。手段攫吞娄菲口，媚行笑激是非心。冰山靠倒何曾暖？孽海波翻岂尽沈？伎俩已穷城社冷，一天红日散重阴。"虽然历遭坎坷，但乾隆五、六年也是唐英督陶史上成果最为丰硕之秋。

唐英作《陶人心语》并"自序"。同年九月为重修《浮梁县志》作序。在这些文章中，唐英揭示了历代因陶之弊，害及浮邑吏民，疲于奔命的历史教训，并要后之君子，"务因陶之利，杜陶之害。以奠安斯民作息陶成于亿万年耳"。

唐英此时制作这些青花缠枝莲五供器，还应有一层更深的意思，就是虔诚地祈求神仙菩萨，永远保佑他事业兴旺发达，证明他为官清廉，洁白无瑕。

十年之后，我才得知，卖给我唐英铭款青花花卉香炉的陈女士所说的白发老者和那位中年女士，是耿宝昌先生和陈华莎女士。一次，我让耿先生鉴定明宣德款青花龙文梅瓶，为了让他认可我的鉴定能力，我一起搬去了十年前收藏的那只唐英铭款青花花卉香炉。耿先生看到我收藏的炉不无感慨地说，这香炉在你这儿呀！陈华莎女士说，我们见过此香炉。由于用多少钱买需要向文物局申请，并不是不值 7000 元，是想先还个价把货留住，我们再去时已经卖了。还好，知道是你买了，我们还能看到。我庆幸当时刚从香港调回不久，口袋里有些钱，得到了这只香炉。

有唐英铭款的佛前五供器，虽说不成套的供瓶和烛台都有完整存世，但香炉目前只发现这件残器。而如今它是一件真正意义上的残品。话又说回来，虽然我们不能窥到香炉完整的风貌，但起码说可以用实物来印证唐英于乾隆六年制的香炉是客观存在的。

清唐英铭款青花花卉香炉，非但不是赝品，而且是绝无仅有的孤品。

茅台镇与杏花村

    20世纪90年代初的一天，我来到北京潘家园，一位专门摆摊卖旧书籍资料的商贩在吆喝着"大官家的破烂"。在他的面前摆着一麻袋东西。为了说明这些东西确实来源于"大官"家，他从麻袋里掏出几个年代较久的茅台酒瓶子放在麻袋旁。我想，50年代能喝上茅台酒的可不是等闲之辈，就把酒瓶连同这麻袋"破烂"一起背回了家。

    回到家，我把这一麻袋东西摊在阳台地面上，开始了"二次淘宝"。从淘的资料看，这麻袋资料的拥有者确实是位高官名人，而且嗜茅台如命。

    最先让我感兴趣的还是这几只酒瓶。其中一只是解放初期的，是1951年6月间创设国营贵州茅台酒厂后的第一批瓶子。酒瓶系瓷质，饰黄釉，直筒形，瓶高20公分，凸口，口非螺丝口，应是缠包或塞子密封，底平足，直径8.4厘米。瓶腹贴有麦穗红五星商标，写有"地方国营茅台酒厂出品"。有六行竖排小字："贵州茅台酒，产于仁怀茅台镇，已有二百余年历史，酿技精良，味美醇香，有助人身健康之优点，行销中外，颇受各界人士欢迎，诚为酒中之佳品。解放前曾在巴拿马赛会评为世界名酒第二位。专卖后由国家接办经营，不断改善技术，降低成本，提高品质，扩大销路，面向广大群众服务，尤为各地所赞许。在全国各大城市均有出售，请君惠顾，特地敬告。贵州省茅台酒厂谨启。"

应该说，这个粗犷的瓷瓶，是新中国的第一批"国瓶"。今天再想找这么一个茅台酒瓶实在不易。

在众多的资料中，我还意外地发现了一册1963年10月中华全国工商业联合会编印的《贵州茅台酒》。这让我喜出望外。

《贵州茅台酒》有90个页码，五章二十二节。虽然这本书有强烈的时代背景，但是，书中比较详细地介绍了茅台酒的历史和当时改造发展的状况。茅台的渊源，让人大为惊叹。

两百多年前，茅台镇仅仅是一个小小的渔村。那时四川的盐船由泸州、合江溯流而上，盐商们经赤水河到达茅台村后，常在茅台村歇息。茅台村就慢慢成了一个商业转运点。当时，运销食盐的商人大都是陕西人和山西人。清道光年间，曾有"蜀盐走贵州，秦商聚茅台"名句流传。可见，茅台镇在当时是川盐入黔的重要通道和商贾云集的处所。

山西和陕西盐商，跋山涉水到南国经商，由于远离家人，酒就成为盐商排遣劳累和孤独寂寞的最佳饮品。这些盐商因此养成酗觞之癖。秦晋商人很爱酒，但最爱的还是杏花村汾酒。杏花村汾酒历史悠久，唐代诗人杜牧的"借问酒家何处有，牧童遥指杏花村"，可知杏花村在唐代就有出"名酒"之誉了。

据《贵州茅台酒》记载，晋秦盐商"因感从山西携带杏花村汾酒不便，就从山西雇了酿酒工人在茅台镇仿制"。

最初雇工酿酒的是一个山西盐商，后来陕西盐商先后雇用高级技工改良酿造方法，逐渐有了区别于汾酒的酿造工艺，成为茅台酒。当时，掌握茅台酒酿造技术的，仅限于盐号雇用的山西、陕西工人，后来才传给当地酿酒工人。经过数代酿酒师的努力，茅台的酿酒技术逐渐提高，并创造出一套独特精湛的酿造工艺，茅台成为琼浆玉液。茅台美酒逐渐名扬天下。

茅台酒从最初只是在茅台镇的一些山西、陕西人经营的盐号，为酿

从

潘家园

翻出的历史

酒自饮而附设的小酒房，逐渐出现专为销售而酿造的"烧房"。据1841年《遵义府志》记载，"烧房"已不下二十家。从1862年成义酒厂创立到19世纪30年代，才先后有了成义、荣和、恒兴三家独立经营的酒厂。

新中国成立后，国家对于私营工商业者，采取团结、教育和改造的政策，1951年6月间国家收购成义酒厂后，就及时地创设了国营贵州省茅台酒厂。之后，国营贵州省茅台酒厂又先后兼并了荣和、恒兴两家酒厂。从此完成了生产关系的转变，为茅台酒的发展，开辟了广阔的前途。

据1963年的《贵州茅台酒》记载：据具有五十多年酿酒经验的老师傅、时任国营贵州茅台酒厂副厂长的郑义兴同志说，他家学会茅台酒的酿造技术，始于祖先郑弟良。郑弟良原在陕西人经营的盐号当杂工，后来拜盐号上一个陕西酿酒师郭师傅为义父，郭师傅把酿造茅台酒的技术毫无保留地传授给了他。郭师傅年迈回陕西后，郑弟良就在盐号上的酒房当上了酒师。郑家代代相传，到了郑义兴已经是第六代了。

中间为20世纪50年代的茅台酒瓶

茅台酒是从秦晋商人对汾酒的钟情而来，但成熟的茅台酿造工艺与汾酒工艺已经完全不同。茅台酒的制法在《遵义府志》中有所记载："……制法纯用高粱作沙，煮熟和小麦面三分纳酿地窖中，经月而出蒸焙之，既焙而复酿，必经数四然后成，初曰生沙，三、四轮曰燧沙，六、七轮曰大回沙，以次概曰小回沙，终乃得酒，可饮，其品之醇，气之香，乃百经自具，非假麸与香料而成，造法不易，他处难于仿制，故独以茅台称也……"这也是茅台酒的工艺和文化特征。

汾酒从山西杏花村来到遥远的贵州茅台镇，成就了茅台的神话。很显然，茅台是站在汾酒这个酒神的肩上重新创造了独一无二的自己。杏花村和茅台镇，两个举世闻名的酿酒圣地，两种伟大的酒，如此血肉相连，这是我和众多世人无法想象的神话。

所谓"茅台镇与杏花村"，是说"茅台酒源于汾酒，传人曾是晋秦商"的一段美妙历史。当然，更是我对茅台神话和汾酒神话的惊奇和赞叹。

从潘家园翻出的历史

26

流往海外的宫廷铜版画
《中国皇帝出行图》

十多年的潘家园情结，使我养成了一个习惯，每到一个地方都想去寻找当地的"潘家园"。2005 年 11 月 16 日，我们赴欧考察组到了里斯本。

里斯本（Lisbon）位于欧洲大陆的最西端，是葡萄牙的首都和葡萄牙最大的海港城市，也是欧洲历史文化名城，号称伊比利亚半岛西海岸最美丽的城市。一如欧洲其他大型城市，里斯本保存了固有传统，中世纪街的景观依然留存至今，新旧城规划秩序井然，时代反差明显。城市一面完全是 21 世纪大都市的风貌，另一面则继续向世人呈现 17 世纪以前的历史遗迹。这与我们建国初期的所谓"旧城改造"完全不同，其至今令人扼腕叹息。

里斯本 1245 年成为葡萄牙首都，随着 15、16 世纪葡萄牙航海业的发展和海外地理大发现的成就，逐步发展为欧洲最发达的城市之一。400 年前，里斯本是世界上最强大帝国的中心。

1553 年，葡萄牙开始入侵我大明帝国，打不成就用谦恭的态度贿赂当时的中国政府官员，入据澳门长达 400 年之久，显示了一个欧洲帝国的强悍与野心。我们从里斯本维护良好的博物馆及古迹上，可以想象当年帝国的兴盛及奢华。

平生业余无他事，唯古董收藏是我几十年的喜好。处理完公事，我们来到了古董一条街。

古董一条街叫圣班多街，是个东西巷子。古董街所处位置并非繁华的商业区，较僻静，街道不太宽，仅可对开轿车，道路两旁是法桐古树，参差错落、新旧不一的古董店布满街道两旁。

店里大都是欧洲油画，也有中国17～19世纪的外销青花、彩瓷。一件彩瓷大碗将我吸引进了一家店铺。

坐店的是位七十多岁的老妇人，金发碧眼，气度雍容端庄，精神矍铄，看得出她出身非凡之家。她见我拿着那个碗不放，反复端详，问清我们来自中国后，很热情地说，她是为儿子看店，她马上叫儿子过来。说着，她给儿子打了电话。不一会儿，她儿子驾车赶来。她儿子四十余岁，长发，穿戴打扮别有一种艺术家的气质。果不其然，他是画家也是古董商人。同事吹嘘我是中国文物的鉴赏家，引起了这对母子的很大兴趣。母子说起了中葡友好的历史。儿子指着放在不是特别显眼的、装在一个棕色木框里的铜版印刷画《中国皇帝出行图》自豪地说，他的外祖父的爷爷，当时曾出任葡国驻外大使。我想，可能是驻过中国的大使，但不知何故，话到嘴边他却没说全。

那铜版画一下吸引住了我。我嘱咐同事与那母子谈大彩碗的价格，自己全神贯注在这幅画上。这幅铜版印刷画，由三块板拼接而成，长125厘米，宽24厘米，画旁标有"一名中国皇室画家所绘"和"献给国家财政部长、国王的继承人夏洛尔·麦克桑德"的法文字样。在右上角标明了1786年由法国赫尔曼铜版印刷公司印刷。

铜版画16世纪开始在欧洲流行。法国赫尔曼铜版印刷公司在18世纪已是一家世界著名的印刷公司。铜版制作过程不算复杂，先在优质的特制铜版上涂拒腐的可变固体（比如防腐蜡或沥青），用刀或针刻画临摹原作，用特制带腐蚀酸性的药水（比如硫酸）腐蚀，刻画去的地方则被腐蚀成沟凹，铲去固体。然后，用油墨抹在铜版上，油墨留在沟里，然后上机器通过滚筒的压力，使填入凹线中的油墨印到纸上，形成凸起的线条，具有独特的艺术效果。

这幅画，人物众多，场面宏大壮观，画面清晰，层次分明，印制精美，手笔不凡。这也应该是18世纪世界版画印制的最高水平。

画面的下方是法文说明，大意是说：

这是盛大的凯旋仪式。中国皇帝离宫出行和回銮凯旋，总是有着盛大豪华的场面。仪式上，除了多种多样既定的护卫以外，每隔一段距离，皇家部队的骑兵都形成了弧形护卫队形。皇帝凯旋队伍所经过的街道，都要进行细心的打扫清洁，参加仪式的人都要打扮一新，鲜花和绘制的各种带有丝带做成的装饰物，把他们装饰点缀得雍容华贵。

这种仪式以40名身着镶金红色服饰的侍卫开始。最前面的四人举着绣有皇帝服饰和金黄色的龙的图案的锦旗，其他人有的打着灯笼旗，有的打着遮阳伞。这些都是精心制作的镶有金饰的华丽的制品，持有长枪的剽悍骑兵穿着绿色镶金的服装，马鞍是蓝色和金色相间的。官员同样穿着节庆的服装，帽子是红色的，帽檐是黑色的，孔雀羽毛的花翎飘动着。两个年轻的贵族，手捧香炉，在那至高无上的、掌握着和平与战争的、身着与众不同的醒目蓝色为主的服装的皇帝仪仗前走着。

轿帘是遮蔽着的，轿子的顶盖是华丽的金饰的绣穗和秀美的丝带。木制的轿子漆成红色和金色，轿子上有着数量众多的杰出雕刻艺术，轿子由28名身着红色花饰的华丽服装的轿夫抬着，他们的腰带是绿色的，帽子的翻边上有银质的星形装饰，扛着脚踏板的人穿着同样的服装，在随行的贵族当中，有四位穿着华贵的、由太傅抱着的王子，在这群人中的很多人捧着水果篮，分发给围观的人们。

皇帝的后面是皇后，皇后按照习俗穿着绣有金凤图案的蓝色长裙，并镶有白色的鼬皮饰带。同行的女士们也都身着同样的绣花的蓝色服装。后面又是一顶金色的轿子和一些身着红色和金色服装的侍从。

在皇室队伍的后面，是皇帝的护卫和长枪手，在他们的蓝色战袍上镶有金饰，他们跟随着一些身着镶有金饰的蓝色服装的武将，他们保护着皇帝的出巡。最后，出巡队伍以华贵的骑兵护卫和侍从们押运着行李的场面结束。

　　店主见我爱不释手，说可以转让给我。经过讨价还价，最后以350欧元成交。店主将框子拆下，我小心地把画卷起来，放在了手提包里，告别母子俩，悄然离去。

　　我走出这家店时已下午五点多钟，太阳就要落山了。我突然喜欢上了这座城市，具体说是喜欢上了这个不足一华里的街道。再前后左右打量这个僻静的街道，路面铺有一尺见方的石块，已现斑斑痕迹，法桐金黄色的落叶洒满街道，它们错落地叠在一起，像块块有皱纹的金黄地毯（我想他们是故意不打扫的），树上还稀疏地挂着些残叶，微风吹去，飘然飞舞，悄然落地，静静的。在温暖的夕阳中，整个街道显得极其静谧美丽。我沐浴其中，多有惬意，似乎也觉得十几天的欧洲之行的劳碌疲惫，在这条小街的夕阳中一扫而光。

　　回国后，我专程拜访了我的老朋友，故宫博物院研究员、中国文物鉴定委员会委员、古字画鉴定专家、原故宫博物院副院长杨新先生。据杨新先生考证：这幅铜版画所画为"凯旋"仪式，铜版刻制于1786年，即乾隆五十一年。那么，原稿的创作应在此年以前，究竟是哪一次凯旋呢？又据图中所画景物以及牌坊特点，似乎应是从永定门至前门这一带。那么乾隆皇帝只有南巡和到南苑围猎、銮舆才走这一条路线。而街道肃静，没有闲杂人员，又有临时搭建的礼棚，很有可能是乾隆四十九年（1784）弘历第六次南巡回銮的记录。因为乾隆这一次远巡江南，从正月出发，直至四月才回京，所以才会有既隆重又肃静的场面。可惜原稿今不知存何处，所刻制画面，也不知是局部还是全貌。这些都有待于进一步考证。

　　杨新先生认为，这幅画与存世的《平定准噶尔回部得胜战图》来比较，原稿的创作有两种可能：第一，出自中国宫廷洋人画家之手；第二，由中、西皇室画家合作完成。但是，经过西方工艺家刻制成铜版，在技法和表现上又进行了一次加工，进行了一次或二次西化。例如，天空云彩的描绘，已完全是西洋技法。所以，这幅画是一次中西艺术交流的成功尝试，是一幅中西艺术合璧的艺术珍品。

看到这幅铜版画，我当即想起乾隆时代的郎世宁。清政府曾将郎世宁所绘《平定准噶尔回部得胜战图》拿到法国赫尔曼铜版公司制版印刷，至今故宫还保存有当时的印刷品。而这次出巡专门印制成铜版作为礼品赠送法国储君，可以肯定地说是一次重要的文化艺术方面的外交活动。

从法文说明文字的语气看，是出于法国人之描述，这反映出欧洲人对中国皇帝奢华的羡慕和惊讶，也显示出大清帝国作为世界大国的分量和地位。另外，把画拿到欧洲刻版印制，也说明乾隆时代对西洋艺术和现代科技的向往。它是其他诸如瓷器、丝绸、工艺品等礼物所不能替代的。仅就这一点，这件铜版作品就显得弥足珍贵了。

这幅画的原稿，我认为应该是以宫廷中的西方皇室画家为主完成的，画这幅画的人应该是宫中的西方画家意大利人潘廷章、法国人贺清泰等人。他们都是乾隆的宫廷画家，深受乾隆喜爱。

要探寻这幅画的历史，我们有必要了解一下宫廷铜版画在中国的历史。

铜版画今天在中国虽然凋敝（现在在上海、北京又开始复苏），但在中国清代乾隆年间十分兴隆。乾隆皇帝曾经亲自监制，由供职于宫廷的中外画家创作，绘制了以平定新疆、平定台湾反叛等历史事件为题材的一系列"战图"，这就是现珍藏于故宫的清代宫廷铜版画。这批铜版画由于忠实地记录了清王朝统一中国的伟业，已经成为名副其实的国宝。

1755 年、1758 年、1759 年，乾隆皇帝先后胜利平定新疆准噶尔部达瓦齐及回部大和卓、小和卓的叛乱，确保了西北边境的安定。热爱艺术的乾隆皇帝突发奇想，决定制作铜版画，以做伟大纪念。这套铜版组画名为《平定准噶尔回部得胜战图》（《乾隆平定西域得胜图》），共16幅，每幅纵55.4厘米、横90.8厘米，纸本印制。

这批铜版画都是由一些当时在宫廷中的外国画家起草的，意大利人郎世宁、法国人贺清泰、波希米亚人艾启蒙、意大利人潘廷章。郎世宁是其中的领袖人物。

郎世宁等四人的图稿完成后，乾隆皇帝决定将它送往欧洲制作成铜版画。原先打算把图稿送到英国去。当时，欧洲耶稣会驻华会长正在广州，他是法兰西人，便在广东总督面前力陈法国艺术为欧洲之冠，主张将图稿送往巴黎制作成铜版画。乾隆欣然同意，四幅图稿，并附有乾隆上谕的拉丁文及意大利文译本，以及郎世宁的一封关于制作要求的信件被送往法国。由当时与外国人做生意的广州十三行和法国的东印度公司接洽承办此事。为此双方订立了契约，这份契约的法方文本，现在由法国巴黎的国家图书馆收藏。

《平定准噶尔回部得胜战图》的其余12幅图稿也随后于乾隆三十一年（1766）分三批送往法国。雕版印制工作前后进行了九年之久，其间清内务府曾让广东海关催问过多次。乾隆三十五年（1770）十月，广东海关接到从欧洲海运来的第一批铜版画。

一直到乾隆三十八年（1773），16幅铜版画各200套，连同原图稿及铜版原版才全部运抵中国。这套铜版画从起稿到最后完工，历时11年。

这套《平定准噶尔回部得胜战图》送抵北京后，乾隆皇帝十分满意。法国方面特地于乾隆三十六年（1771）将《平定准噶尔回部得胜战图》一幅做成镶金边的玻璃镜框的形式，送给中国皇帝，根据乾隆皇帝的旨意此图悬挂于宫中。这200套《平定准噶尔回部得胜战图》，在乾隆后期已经陆续散出清宫。1784年，乾隆皇帝下令把《平定准噶尔回部得胜战图》分送给全国各地的行宫、皇家园林和寺庙保存陈设；同时编纂《古今图书集成》等呈进图书较多的私人藏书家，也得到了

《平定准噶尔回部得胜战图》的赏赐。宁波天一阁藏有一批铜版画，可能也是这样得来的。目前这套《平定准噶尔回部得胜战图》在海内外的若干博物馆、图书馆及私人手中均有收藏。

《平定准噶尔回部得胜战图》铜版画是由欧洲传教士画家绘制的草图，又是由法国的雕版艺匠刻制的，所以带有比较明显的欧洲绘画风格。画中自然也包含了一些中国绘画的因素。而且，每幅画中都配有乾隆书写的一首诗。这些诗也都刻录在铜版上，与画一起印制出来。因此，画面看上去的确有点中西合璧的味道。

由于这套铜版组画的成功，乾隆皇帝就将此后一系列的征战，均以同样的方式做成铜版画印刷，留存于世，以显示他的文治武功。清代乾隆时的宫廷铜版画除了《圆明园图》册20幅外，其余均为"战图"，计有《平定准噶尔回部得胜战图》册16幅、《乾隆平定两金川战图》册16幅、《乾隆平定台湾战图》册12幅、《乾隆平定苗疆战图》册16幅等六组共80幅之多。

其中引人注目的是12幅为一组的《乾隆平定台湾战图》，那是在《平定准噶尔回部得胜战图》的直接启示下，由中国的艺术家完成的。这套组画反映的是乾隆年间，清军镇压台湾林爽文反叛的历史事件。12幅组画，每一幅上并无图名；而且，画面上也印有乾隆皇帝的题诗。《乾隆平定台湾战图》具有明显的中国绘画风格，无论人物、山石、树木、海浪，都体现了传统中国绘画的手法。由此，人们推断这一组铜版画很可能出自中国艺匠之手，如果是这样的话，就说明中国的艺匠很可能已经消化了技术性很强的铜版画制作技法。

很显然，乾隆皇帝非常钟情西洋版画，并且到法国印制版画宣传显示自己的文治武功。《中国皇帝出行图》也肯定是乾隆皇帝钦定后，送往法国制作的。具体过程，还需要专家梳理考证。当然，这幅画的意义与上述战图的意义有所不同，它展现的是乾隆皇帝巡国归来的威仪和豪迈。印制的目的，在国内外彰显的意义比较明确。从时间上来看，这幅画有可能是乾隆皇帝第一次通过版画来显示皇帝和清帝国的神采。

中国皇帝出行图（局部）

在宫廷西人画家中，郎世宁最著名，也最受乾隆皇帝的推崇，对于中国绘画艺术的影响也最大，在中国美术史上具有不可或缺的地位。他的画在今天的拍卖市场上也炙手可热。

郎世宁（1688—1766）是意大利人，生于米兰，清康熙五十四年（1715）到中国，随即入宫，曾参加圆明园西洋楼的设计工作，历经康、雍、乾三朝，在中国从事绘画达五十多年。由于郎世宁带来了西洋绘画技法，向皇帝和其他宫廷画家展示了欧洲明暗画法的魅力，他先后受到了康熙、雍正、乾隆的重用。他是一位艺术上的全面手，人物、肖像、走兽、花鸟、山水无所不涉、无所不精，成为雍正、乾隆时宫廷绘画的代表人物。他的代表作品有《聚瑞图》、《嵩献英芝图》、《百骏图》、《弘历及后妃像》、《平定西域战图》等。近几年，在海内外拍卖会上，郎世宁的作品迭创佳绩。1999 年北京翰海曾征集到郎世宁 12 开《山水人物册》，估计 120 万~180 万元，对于此画，专家看后赞不绝口，最后经过激烈的竞争，以 300 万元拍出。2000 年，香港嘉士德又推出了郎世宁的力作《苹野秋鸣》，受到了海内外买家的青睐和追捧，以 1764.5 万港币被海外一位收藏家收购，不仅创造了郎世宁作品的最高价，而且为中国画第二高价。

从这幅画印刷于 1786 年来看，当时在宫中的西方画家有：意大利人潘廷章、法国人贺清泰、波希米亚（今属捷克）人艾启蒙。

潘廷章（公元？~1812 年之前）原名 Joseph Panzi，耶稣会修士。于 1771 年（乾隆三十六年）来华，次年入宫供职，直至乾隆末年，大约卒于 1812 年之前（嘉庆十七年）。潘廷章擅长作油画肖像，曾为乾隆皇帝绘制油画肖像。他在 1773 年（乾隆三十八年）画的《达尼厄乐先知拜神图》受到蒋友仁的推崇，认为精妙不在郎世宁之下。存世作品极少，现所见到的仅有半幅，即故宫博物院藏《廓尔喀贡马象图》卷，是其与贺清泰两人合绘，后面所绘两匹马，是现知潘廷章的唯一真迹。

贺清泰（1735~1814），原名 Louis Poirot，于 1770 年（乾隆三十五年）来华，不久便进入宫廷供职，卒于北京。擅长山水、人物、走兽，曾奉命作油画，存世作品不多。他除绘画外，还精通汉文和满文，很得乾隆皇帝的信任。贺清泰的绘画水平较为平常，用笔细腻，基本是西洋画法，但鸟兽的形象欠活泼生动。故宫博物院藏有其所绘《贲鹿图》轴。

从绘画风格和对中国文化的理解以及法文注解来看，《中国皇帝出行图》出自潘廷章、贺清泰之手的可能性很大，但只能说是可能性。因为现在没有证据说明就是他们创作的，我们只能猜测。但是，几乎可以肯定的是画中的法文说明，应该是贺清泰撰写。贺清泰是法国人，是乾隆宠信的西方画家，乾隆不可能再到宫外找法国人撰写，也不可能找精通法语的中国人撰写，更不可能画中原来是汉语，送到法国后，由法国人把汉语翻译成法语。贺清泰既是宫廷画家，长期待在中国，又精通汉语，更能深刻领会乾隆时代的皇家文化。撰写这个法文说明，贺清泰肯定是最好人选，也是天经地义。从这个角度来说，贺清泰作画的可能性要比潘廷章大。

为了宫廷装饰艺术的需要，乾隆皇帝于1751年下令"着再将包衣下秀气些小孩挑六个跟随郎世宁等学画油画"。按这段清档记载，乾隆十六年的诏令并不是头一回，否则无"再"可言，所以，随郎世宁等习油画的中国人有数批，丁观鹏、张为邦是其中的一批。除王幼学、丁观鹏、张为邦外，乾隆时期宫廷随传教士学油画的中国学生还有班达里沙、八十、孙威风、葛曙、永泰、王儒学、于世烈等人。中国皇帝的艺术赞助促进了油画在中国的进一步发展传播，当宫中御用的最后一名传教士油画家潘廷章在1812年故去之后，清代宫廷油画的发展主要是靠传教士画家训导的"包衣"来薪火传续。

乾隆后期，清朝虽然依然保守，但是，中西贸易和文化的交流和发展已经有了较大的进步。《中国皇帝出行图》应该是乾隆钦定的画作，是用来进行中西文化交流的，本质上是用来向西方国家显示清帝国强大和荣光的，可惜的是乾隆盛世已经到了尾声。《中国皇帝出行图》应该是乾隆帝国日益空虚的一个标志。晚年的乾隆丧失理想，生活日渐奢靡和腐败，大兴土木，六下江南，不理朝政，帝国由盛转衰，大清帝国面临深刻的危机。

一些铜版画，是1900年八国联军占据北京时，从大内西苑紫光阁中掠去的。2005年10月嘉士德拍卖公司在巴黎的拍卖图录上，还有一幅长40厘米、宽24厘米，出于法国赫尔曼铜版印刷公司18世纪印制的《乾隆皇帝祭祖图》的铜版画拍卖。

我实在没有想到，在遥远的里斯本圣班多街，能够意外地回购到描绘乾隆第六次南巡回銮的艺术珍品《中国皇帝出行图》，并据此对铜版画进行了一番研究。沉睡已久的历史由此还原为鲜活的记忆。青山依旧，世事沧桑，结束这段精神之旅时，竟生出些许莫名的惆怅，萦绕心头，挥之不去。

逛地摊逛出的尴尬

20 世纪 90 年代初，我在华威桥下花 400 元，从河北肃宁摆摊人那里买了件写有"风花雪月"字样的元代磁州窑坛子。由于坛子太大，不好遮掩，在家门口遇到我的一位老同事。这位同事说，这个年代了你还买咸菜坛子，别那么抠门儿，六必居的酱菜还不比你腌得好！

我只能苦苦一笑。

前些年，我从潘家园那里买了一麻袋信札资料，我在往汽车上装时，看车的人拿出收费的纸条说，你这一麻袋能卖多少钱？你今天停车费就十块钱啊！到了家门口，新换的门卫，看我的穿戴不整，手里又提着个麻袋，说什么都不让我进院。正在争辩，出来个同事，忙跟门卫说，他是我们的领导，门卫惊讶的眼光看着我，"那他咋捡破烂儿？"

1994 年年初，我看着苏富比、嘉士德一年两季在香港拍卖中国瓷器，痛心疾首。写了一篇《既要堵又要疏——关于文物市场管理的建议》的文章，发表在《光明日报》上，呼吁堵住古董流往海外的渠道，支持文物在国内流通，呼吁成立拍卖行，扶持地摊交易，但遭到非议。文物局一位负责人找到《光明日报》，说："祖宗也能拍卖?!"幸好自己不是业内人士，否则，不知会惹上多大麻烦。

十年之后，我写了篇《嘉德十年见证文物市场》，算对十年前的争议有个回应。

嘉德十年见证文物市场

七月十日是嘉德公司成立十周年的日子，作为嘉德公司诞生和成长过程的一位旁观者、见证人，回顾嘉德公司从酝酿成立到今天的辉煌业绩，真是感慨万千。

我与嘉德公司创始人陈东升是20世纪90年代初相识的。记得是1993年春节之际的一天晚饭过后，陈东升来到我家，闲聊中把他策划成立拍卖公司的想法跟我谈了，并雄心勃勃地说要组建中国的苏富比。他这个想法与我一拍即合。

文物拍卖是我在香港工作期间（从1986年到1990年）才接触和了解的。在港工作的四年里，我在业余时间喜欢接触古玩行业。眼看着文物店出入的外国人在随意买走中国文物，每年春秋两季苏富比、嘉士德拍卖中国瓷器、字画，每遇爱好文物的朋友谈及此事顿感痛心疾首。因此，陈东升同志在内地组建文物拍卖公司的想法当然使我激动。

之前我只知道陈东升思想活跃，对改革、对市场经济总有新的见解，竟然他也是一个勇敢的实践者。陈东升，这个武汉大学学经济的高才生说出了我想说的话，做出了我只敢说而不敢做的事。但当时我也为他担心，这个想法能实现吗？不料他这个想法在当年春天就实现了。1993年5月，嘉德公司举行了开张典礼，经过不到一年的征集拍品，1994年3月27日进行了首场拍卖。公司虽然成立了，但争议和非议也从未停止。

我于1994年2月24日在《光明日报》上发表的文章《既要堵又要疏——关于文物市场管理的建议》中阐述了这样的看法："必须堵住文物流往海外的渠道，同时疏通文物之源，使文物在国内流通同样必要，从某种意义上讲，国内渠道畅通是堵住文物外流的必要措施和手段。""市场经济运行到今天，要让一件有经济

从潘家园翻出的历史

38

价值的东西不流动、不进行商品交换是不可能的。事实上，我们从未开放文物市场，但我们的文物是年年往海外流。实际上是堵死国内流通渠道，冲开了流往海外的口子。"笔者认为，对于这股泉水既要堵，又要疏，只堵不疏，即使一时堵住了缺口，过一阵子还会决口泛滥的。"基于上述理论，文中提了两条具体建议：一是建立高级市场，即建立完善文物公开拍卖市场（发表时编者改为展买市场）；二是建立低级市场，即扶持"地摊"。让普通百姓进入，买卖双方进行公开、公正、公平交易。

文章发表后，立即在文物部门掀起了不小的争论，支持和反对的意见都有。

十年过去了，嘉德等内地拍卖公司的相继成立，不但为文物的"疏源堵流"起到了重要作用，而且十年来从国外回流了不少国宝，如宋徽宗《写生珍禽图》、宋米芾《研山铭》等，发掘民间奇珍如唐怀素《食鱼帖》和最近发掘的隋人书《出师颂》等等。可以想象，若不是给了这些国宝级的文物登场的舞台，它将会在哪里出现？如今这些绝无仅有的重量级国宝大都入了国家博物馆，这对保护祖国文化遗产起到了举足轻重的作用。

在嘉德公司的带动和影响下，十年来拍卖市场渐趋成熟。经过近十年的起落和淘汰，内地目前较具规模的文物艺术品拍卖公司已有数十家。中国的文物艺术品拍卖公司已经给中国书画、中国古籍、瓷器工艺品拍出了全球最高价位，提高了中国文物的国际地位。据2002年统计，近年来，年拍卖额突破十亿元。

除拍卖公司之外的普通文物市场，如北京的潘家园、古玩城，十年来也从小到大。确切地说，文物市场起初不是谁批准之后才有的，而是随着市场经济的建立与发展自发产生发展起来的。概括地说，从不公开、偷着摆摊被执法部门追着跑，到租一片空地自己管理自己，发展到现在的尽人皆知的潘家园、古玩城。

十年来，我利用周末、节假日在这些文物市场上收到一二九师

39

编印的《抗日游击队纪律条令草案》孤本，无偿捐献给中国革命军事博物馆；1900年外国人拍摄的八国联军侵略中国，烧杀掳掠的多幅珍贵历史原照（片），在八国联军侵华一百周年时，通过媒体展现在国人面前。最近又收藏了圆明园被毁前后的珍贵照片。而这些都是通过逛地摊收到的。若不是有这样普通百姓可随意进入的市场，可以在废物堆里刨拣和收藏这些经过战乱和十年浩劫幸存下来的文物，它们的下场又会是什么呢？极有可能被当做废纸放入焚烧炉，失去重见天日的机会。

继北京、天津之后，上海、南京、西安、郑州、太原等大中城市都陆续有了较大规模的古玩市场。从事古玩经营和收藏的人已达数百万。

十年磨一剑，嘉德十年见证了文物市场，推动了文物市场的发展。文物市场已从当初起步时的步履维艰，发展到今天的局面。随着物质生活的提高和精神生活需求的加大，文物的潜值还很大。期待着文物市场更加健康稳步地发展。

第二章
潘家园淘史

现代史拾遗小记

从 20 世纪 80 年代开始业余收藏以来，我最钟爱的还是历史文物，特别是现代历史文献资料的收藏，在研究中国历史文物和文献的过程中，逐渐悟出：中国历史数千年，最为震撼人心的还是近百年的中国现代史。"数风流人物，还看今朝"。从孙中山领导的辛亥革命推翻清王朝，到五四运动中马列主义在中国的传播，随之涌现出一批先进的知识分子，创建了中国共产党，领导中国人民经过艰苦卓绝的斗争，结束了中国半封建半殖民地的历史，最终缔造了中华人民共和国，这其中所展示的历史风云、岁月山河是多么波澜壮阔而又可歌可泣呀！为此，我从 20 世纪 90 年代开始转向现代史文物的专题收藏，而潘家园地摊给我的收藏提供了最好的园地。

我从潘家园地摊所收藏的现代革命史文物资料中，有历史人物的自传、日记、书信、文稿及历史事件回顾，等等，内容极为丰富，很多人物故事，今天读来仍惊心动魄，常常让我难以释怀，夜不能寐。总希望有朝一日让他们重现天日。

"革命"二字在中国，应该是从邹容 1903 年所著的《革命军》一书开始逐渐谈论得多起来。从辛亥革命推翻清王朝起，到中华人民共和国成立，无数革命者风起云涌，抛头颅洒热血，到头来，这些革命者有的在世时，地位显赫，死后名垂千古；有的在世时，穷愁潦倒，死后默默无闻；有的活着时被诬陷打击，含冤死去，死后才被平反昭雪；也有的在世时权倾一时，死后却被清出革命圣地，扔进历史垃圾堆，钉上历史的耻辱柱。

这一切读来耐人寻味。

收藏者的最大欣慰，是为历史的补缺。如能为现代革命史增添一些鲜活的细节，如能让那些被湮没的革命先贤重现他们往日的真容，便是我最大的欣慰了。

百年旧照包含的民族屈辱

1. 八国联军侵华照片

1999 年 11 月的一个周六，我在潘家园地摊发现一组八国联军侵华照片，所有照片均署 Underwood 出版社制作，其中不少照片背后还附有摘自该出版社拥有版权的 1904 年出版的《旅游须知》的相关内容。其中有"陌生人到这里，最好在当地找一位可靠的中国向导"的字样，我实在难以想象这些充满死亡景象的照片竟会与所谓"旅游"有关。

美国"印第安纳"号在中国海域

遭八国联军屠杀的义和团成员

世纪之交的 1999 年年末,《北京青年报》、香港《文汇报》分别以《一百年来依然黑白分明——多幅八国联军侵华照片今被发现》、《民族屈辱历历在目,黑白旧照触动创痕——多幅八国联军照片重被发现》为题,整版刊登了我收藏的照片和文字说明。《文汇报》在文中说,在新的一个以千年计的人类文明临近之际,人们更愿意回首辉煌,期许美好。而当我们现在拿起这些存在了近百年的历史照片时,扑面而来的都是过往的沉重和苦难。

2. 圆明园旧迹图

2003 年 3 月 8 日,我来到潘家园古玩市场,偶然发现了一本《圆明园旧迹图》,当时刚下过雨,册子的一角还被泥脚踩过,我心头一震,于是随手翻开浏览,发现这本图集真的是圆明园原照,共有照片一百七十余幅,收集了 1860 年英法帝国掠夺焚毁圆明园前后的照片。从图集的装帧和完整性来看,我认为很可能是 20 世纪 50 年代从事圆明园历史研究的专家遗失的资料。买后,几个外国人围上来想看看,并互相用英语交流,是颐和园吧? 当他们翻开了,禁不住尖叫起来:"啊! 圆明园,重大发现!"

珍贵的历史镜头将圆明园被毁前后的真实景观留给了世人,美好的憧憬和勾魂夺魄的悬念由此而生。想当初的圆明园有如此旖旎风光

被毁前的海晏堂,堂中的十二生肖栩栩如生

被毁之后的圆明园海晏堂（局部）

和中西合璧的工艺造型，不得不令我们叹为观止，也令我们对1860年英法联军帝国主义的侵略恶行更为憎恨愤怒。一百四十多年前，法国文豪雨果的《致巴特雷上尉的信》是对圆明园历史和侵略者行径的真实写照：

　　在地球上某个地方，曾经有一个世界奇迹，它的名字叫圆明园。艺术有两个原则：理念和梦幻。理念产生了西方艺术，梦幻产生了东方艺术。如同巴黛农是理念艺术的代表一样，圆明园是梦幻艺术的代表。它汇集了一个国家的人民几乎是超人类的想象力所创作的全部成果。与巴黛农不同的是，圆明园不但是一个绝无仅有、举世无双的杰作，而且堪称梦幻艺术之崇高典范——如果梦幻可以有典范的话。你可以去想象一个你无法用语言描绘的、仙境般的建筑，那就是圆明园。这梦幻奇景是用大理石、汉白玉、青铜和瓷器建成，雪松木做梁，以宝石点缀，用丝绸覆盖；祭台、

47

闺房、城堡分布其中，诸神众鬼就位于内；彩釉熠熠，金碧生辉；在颇具诗人气质的能工巧匠创造出天方夜谭般的仙境之后，再加上花园、水池及水雾弥漫的喷泉、悠闲信步的天鹅、白鹏和孔雀。一言以蔽之：这是一个以宫殿、庙宇形式表现出的充满人类神奇幻想的、夺目耀眼的宝洞。这就是圆明园。它是靠两代人的长期辛劳才问世的。这座宛如城市、跨世纪的建筑是为谁而建？是为世界人民。因为历史的结晶是属于全人类的。世界上的艺术家、诗人、哲学家都知道有个圆明园，伏尔泰现在还提起它。人常说，希腊有巴黛农，埃及有金字塔，罗马有竞技场，巴黎有巴黎圣母院，东方有圆明园。尽管有人不曾见过它，但都梦想着它。这是一个震撼人心的、尚不被外人熟知的杰作，就像在黄昏中，从欧洲文明的地平线上看到的遥远的亚洲文明的倩影。

被毁前的养龙雀

这个奇迹现已不复存在。

一天，两个强盗走进了圆明园，一个抢掠，一个放火。可以说，胜利是偷盗者的胜利，两个胜利者一起彻底毁灭了圆明园。人们仿佛又看到了因将巴黛农拆运回英国而臭名远扬的埃尔金的名字。

当初在巴黛农所发生的事情又在圆明园重演了，而且这次干得更凶、更彻底，以至于片瓦不留。我们所有教堂的所有珍品加起来也抵不上这座神奇无比、光彩夺目的东方博物馆。那里不仅有艺术珍品，而且还有数不胜数的金银财宝。多么伟大的功绩！多么丰硕的意外横财！这两个胜利者一个装满了口袋，另一个装满了钱柜，然后勾肩搭背，眉开眼笑地回到了欧洲。这就是两个强盗的故事。

我们欧洲人自认为是文明人，而在我们眼里，中国人是野蛮人，可这就是文明人对野蛮人的所作所为。

在历史面前，这两个强盗分别叫做法兰西和英格兰。

圆明园旧迹图中收集的被毁前圆明园大水法照片

雨果真不愧为世界文学大师，圆明园遗址因为有了雨果的雄文而更有价值，侵略者永远被钉在历史的耻辱柱上了！

　　我收藏到这本册子时，正值美伊第二次战争，美国占领伊拉克，正在践踏这个国家的尊严，在毁坏这个古老国家的历史。我面对一沓照片思索良久，百年之后的世界仍是弱肉强食，不知那个脱离战争，没有侵略，平等、和谐、美好的世界离我们还有多远？！

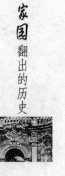

从潘家园翻出的历史

张申府致周恩来的一封信

我在潘家园淘到一封 1949 年张申府写给周恩来的信，信是用铅笔竖写的。信中反映他写《呼唤和平》一文之后遭受诽谤，所表现出的苦闷与不解。

张申府何其人也？据刘兴雨的《追问历史》中有过这样一段话：

> 说起张申府没有几个人知道，但他却是周恩来的入党介绍人。周恩来到黄埔军校当政治部主任，也是张申府向廖仲恺推荐的。张申府是中国共产党组织中三个缔造者之一。这话绝非凭空捏造。《中国共产党的名称是怎么提出来》一文中，指出当时陈独秀在上海、李大钊、张申府在北京，他们三人通过信函，讨论了党的名称问题，决定采用共产党作为无产阶级政党的名称。

1920 年 8 月，上海共产主义小组建立，10 月，北京成立共产主义小组，最早的成员是李大钊、张申府、张国焘。但张申府这样一位党史上的重要人物，在党史和党的人物传记中却少有记载。

张申府一生中的两次重大行动耐人寻味。一次是 1925 年，党的四大在上海举行，与会的共有二十人，在争论某个问题时，他说，同意我观点的就留下，不同意的就滚蛋，大概别人没有同意他的意见，他便一甩手走了。当时作为四大代表的周恩来极力劝他不要一气之下脱离党，但他却没留下来，再没有回到过党内。另一次是1948年，共产党节节胜利之时，他写了篇名为《呼唤和平》的文章，发表在《观察》杂志上。这篇文章使他组建的民盟开除了他，也使他的妻子——共产党最早的女党员刘清扬与他离了婚。

把他这几个行动连接起来，我们似乎看到了一个具有自由天性的知识分子的轮廓。他似乎不大愿意受党派纪律的约束，愿意表达独立的见解、自由的思想。张申府是典型的知识分子，一生推崇英国学者罗素，自认是20世纪中国第一流的哲学家。他一生爱书、爱名誉、爱女人。他颇为自负，就连对胡适这样的人物，都不甚恭敬。要不是周恩来念旧情，解放后他的不平遭遇会更多。他一生是感激周恩来的。

1946年11月周恩来在南京梅园新村与民盟领导人合影，左五为张申府

1986年6月20日，张申府逝世，《人民日报》刊出了一条简短的讣告，承认他1920年参加了党的创建，称他是共产党的老朋友。从创始人到老朋友，这两个身份道尽了人间炎凉、历史沧桑。

张申府（右一）与周恩来、刘清扬在柏林万赛湖，左一为赵光宸

张申府致周恩来的信

1949年张申府致周恩来的信

恩来吾兄：

十二月一日在津曾交在此间工作的陈先生（广东人）转上短信，后于二十日陈君让人传来兄之口复，嘱我安心，并从事保卫北平文物工作，心感一已！现在北平幸获和平解放，通信已得自由，甚愿将先后情形，再为兄详尽陈之。文过饰非，意图狡赖，那绝非弟之为人所愿为。所以琐琐不能有已者，遂表明事实，略白心迹而已。当之以三十年友情察之。

弟实在万没想到，此次竟受到这样严重的误会与打击。照此情形，天地虽大，实之无弟容身之地。误会之发，故由于《呼唤和平》一文，而连带的当有解散民盟华北总支部，联名登报为唐某竞选伪立委，及向自由批判投稿之事。所加罪名，则有民主叛徒，反人民反民主，伪装民主，坏人，卖身投靠，军统走狗，特务小卒，伪自由主义分子等等。今愿在分条声叙之前，先就一般情理审述之。

弟自幼倾心革命，半生穷困生活。此情为兄所素知，兄可深信，亦谅我。天天盼望人民革命成功，天天诅咒蒋政权崩溃。何至在革命成功的前夕，在反动统治垂垮之际，乃出而变节，乃谋为之救驾。人非至愚，何至出此三尺童子不为之事，而谓弟独为之乎。弟为革命已忍受三十年，何至一年半载遂再不能忍受，果不能忍也应早归明路，何至甘趋黑暗，自取毁灭。弟固天天反对狂妄，自信尚非丧心病狂之人。何至竟有此放弃革命民主主张，背叛人民的狂悖之举。去年（一九四八年）九月后间我曾公云，兄等所干的乃是惊天动地的事业，深恨自己为书所累，不能前来轰轰烈烈地共同奋斗。此云至少清扬曾亲耳闻之。

十月二十三日此间华北学院

文人政治家瞿秋白

——宋希濂回忆瞿秋白被捕及就义经过

2005 年 3 月 25 日，我在潘家园市场现代品收藏城二楼，购得一袋资料。

这袋资料是中国革命博物馆从建馆后的 1953 年至 1969 年间征集的革命文物中的淘汰品。经过细心筛选，我发现了这份被俘国民党战犯宋希濂将军——瞿秋白烈士被捕及就义的当事人，对瞿秋白被捕及就义经过的回忆。

这份资料是宋希濂 1963 年 4 月写成，是油印的，我就原文照载吧，这对于认识瞿秋白作为一个革命者和作为一个文化人的伟大人格都很有价值。

瞿秋白被捕及就义经过

宋希濂

（一）被捕经过

一九三四年十月，中国共产党领导的红军主力部队退出江西根据地，进行了世界历史上前所未有的长征，但仍留置了一部分力量于赣闽边区，继续从事游击，以牵制蒋军兵力。三十六师是于一九三四年十月继白衣洋岑战役后经河田进入长汀的。紧跟在三十六师后面的，为李默庵的第十师。第十师大约是十一月上旬经长汀进入瑞金。到一九三五年二月间第十师他调，汤恩伯以纵队司令的名义指挥第四、第八十九两师及另外的一个师（这个师的番号我不清楚），加上别动总队江西保安团等，到了瑞金、会昌一带。约在三月下旬或四月上旬，汤恩伯打电话通知三十六师，说有共军约七、八千人，归项英、陈毅统率，盘踞在瑞金、会昌、长汀间地区。说他奉委员长（蒋介石）命令，负责迅速肃清这股共军，他将亲自指挥驻在瑞金、会昌的部队，由西向东攻击，要三十六师派一个旅开到水口（水口在长汀南边约七八十华里）以西地区（因我当时不在长汀，所以对确切的地名记不起来）去堵击。三十六师当时辖一〇六，一〇八两个旅，每旅两团。一〇六旅驻在河田至长汀间地区担任修路和维护交通的任务，一〇八旅驻在长汀附近，当命一〇八旅旅长钟彬率所部二一五团（团长刘英）、二一六团（团长得家骥）前往执行这一任务。他们到了那里没有多久，汤恩伯便从瑞金方面发动了进攻，以绝对优势的兵力，还有空军的帮助，逐步向赣闽边境的红军压迫，红军进行了英勇的抵抗和反击，伤亡颇大（听说毛主席的弟弟毛泽覃烈士就是在这次战役中牺牲的），由于兵力过于悬殊，在这严重关头，项、陈两将军立即采取化整为零的办法，依据当时的情况推断，大约主要是分头突围，一部分通过瑞金、长汀间地区向西转移，一部分向东走，一部分向东南方向（即上杭方面）走。向东走的一部分约一千多人，被三十六师一〇八旅所截击，陷入包围中经过小规模的战斗，被解除了武装，一〇八旅共俘虏了红军一千三百余人。他们从俘虏的口供中得知红军的主力部队向西去了，另有一部分三百余人向上杭方面去了，在这三百多人中，有瞿秋白先生在内。钟旅长立即将此情况电报长汀三十六师师部，向贤矩根据这个情报急电报告东路军总司令蒋鼎文。当时在上杭并无正规部队，只驻有福建省政府所属的保安第十团（团长姓名，我记不起来了），蒋鼎文回电该团严密清查瞿秋白的下落。向上杭方面走的红军三百多人，均被保安第十团所截俘，内中有二十余人，经该团查明

从潘家园翻出的历史

56

是红军干部，寄押于上杭县政府的监狱里。瞿秋白先生当时化名何其祥，说是在红军部队中做文书工作的，即在这二十多人中。听说他们所住的这所监狱，既阴暗，又潮湿，龌龊污秽，房间狭小，每间住上十多人，拥挤不堪，几乎是脚都不能伸展，吃的东西十分粗糙，而且经常不够吃，秋白先生曾对向贤矩谈过这些情形，对旧社会监狱里种种黑暗，感到无比愤慨。福建保安第十团接到蒋鼎文的电令后，一则感到他们的责任重大，一则觉得如能将瞿秋白清查出来，可以邀功邀赏，不用说，是十分卖力气来进行这一工作的。他们先将所俘红军士兵三百余人再逐一查问，证实这些人中没有疑问后，便肯定瞿秋白先生是在这二十多人中，于是进行个别审问，一次，两次……仍然没有人供认，遂使用严刑拷打和"谁说出来就释放谁"的双管齐下的办法，结果——据我听说——内中有一个人经不起革命的考验而变节了！他供出了何其祥就是瞿秋白。蒋鼎文接保安第十团查出了瞿秋白的电报后，即命该团将瞿秋白解送到长汀三十六师师部。听说该团派了一个连押送，三十六师还派了队伍到中途去接。

我经过很长时间的回忆，对于秋白先生被捕的日期和送到长汀的日期，始终难以明确，依当时情况推断，我想，被捕日期当为一九三五年四月上旬或中旬，送到长汀的日期，当为五月上旬或中旬。

（二）秋白先生在长汀的生活和思想情况

长汀是福建省最西边的一个县，离瑞金不到一百华里，在整个赣闽边境，全是万山重叠，树木茂密，这些绵延的山岭中，掺杂着大大小小的一个个盆地。长汀就是在群山环抱中的一些盆地。长汀房舍不多，主要是由东到西长约两华里的一条街道，我记得好像已经没有城垣，靠在东头有一条河，河幅不宽。三十六师司令部是驻在靠四头路南的一栋民房里。这栋房子不大不小，算不上堂皇，也不怎样简陋，大约是一个中等地主所谓缙绅之家。进

瞿秋白

大门有一个小天井，靠左手边有一间厢房，这个厢房长约一丈一尺左右，宽约七、八尺，门在南面，窗子在西面，室内有一张中国式的床，安置在东边靠着墙，一张书桌安置在西边靠着窗户，一个洗面架安置在北头，还有一把木椅和一条板凳，秋白先生自到长汀那天起到他就义时止，就是住在这间屋子里。在瞿先生正对面的一间厢房，住着一个副官和几名警卫，他们负着双重任务——监视和招待。中间是堂屋，不怎么大，空无所有。进里面就是所谓正房，左右各一间，两边还有几间厢房，我和向贤矩及秘书、侍从副官卫士等住在这里。其他各处（为参谋处、副官处等）则住在所院和附近的一些民房里。

吃的方面同师部干部的伙食完全一样，一般的，总是早晨吃稀饭盐菜豆腐干之类，午晚餐则是米饭和两菜一汤。军队里常有"打牙祭"的习惯，所以有时也有加菜。

秋白先生工于金石，各旅团长、处长、参谋、秘书等请求刻图章者颇多，因此，使秋白先生在这一技艺上磨了不少时间。

秋白先生每天除了刻图章或有时和人谈话以外，大部分时间便是写感情和作诗，有时也谈谈古文和唐诗（当时在长汀，也找不到其他的书）。大约是一百张（或六十张）十行纸订成的一个本子，在一个多月的时间里，瞿先生在他生命的最后阶段，用毛笔写了一长篇《多余的话》和一些诗词。这个本子，他托向贤矩代为寄交某人，秋白先生就义后，向贤矩交给我看，还只是粗枝大叶地看了一遍就交还他，没有认真研究，所以对于内容记不起来了。

据秋白先生说他因健康状况不好，所以没有随红军主力部队北上，原打算转到上海去疗养，不料在上杭被捕了。他在长汀一个多月，没有生过大病，但常有些咳嗽及头晕的情形。他身躯颇为单弱，脸部显得清瘦。

关于秋白先生在这一时期的思想情况，我前面已经说过，向贤矩和他接触较多，可能比任何人都要了解得多些，如果向贤矩没有写述他和秋白先生多次谈话的内容而死去了，不能不说是一种损失。

我和秋白先生只谈过一次话，由于自己当时的反动立场，对真理和是非没有正确的认识，在一些重要问题上，彼此间意见是完全对立的。记得我回到长汀后的第三天，我到秋白先生室内去看他，先谈了一些生活情形和他的身体情况后，转而谈到政治问题。

我说："我这次回来，从龙岩到长汀这一段，数百里间，人烟稀少，田地荒芜，有不少的房舍被毁坏了，我想以前不会是这样荒凉的。这是你们共产党人搞阶级斗争的结果。我是在农村里生长的，当了多年军人，走过许多地方，有五百亩地以上的地主，在每一个县里，都是为数甚微，没收这样几个地主的土地，能解决什么问题？至于为数较多，有几十亩地的小地主，大多都是祖先几代辛勤劳动积蓄起来几个钱，才逐步购买一些田，成为小地主，他们的生活水平如果同大城市里的资本家比较起来，简直有天壤之别。对这样的一些小地主进行斗争，弄得他们家破亡，未免太残酷了！因此我觉得孙中山先生说中国社会只有大贫小贫之分，阶级斗争不适合于我国国情，是很有道理的。"

秋白先生说："孙中山先生领导辛亥革命，推翻了几千年来的专制统治，这是对于国家的伟大贡献。但中山先生所标榜的三民主义，把中外的学说都吸收一些，实际上是一个尽可能的货摊子，是一种不彻底的革命。中山先生一生的大部分时间都生活在大都市里，对于中国的社会情形。尤其是农村情况，并没有认真调查研究过。中国的土地，大部分都集中在地主富农手里，只是地区之间有程度的差别而已。我们共产党人革命的目的，是要消灭剥削阶级，即地主阶级和资产阶级。有地主，就有被剥削的农民，有资本家，就有被剥削的工人，怎能说阶级斗争不适合于我国国情呢？显然这种说法是错误的。"

秋白先生在这个问题上说了许多的话，我记不完全，只能概述当时他所说的大意。接着秋白先生又说："宋先生，你一路上看到有些地方人烟稀少，田地荒芜的情形，当然是事实。但是不是因为我们共产党人搞阶级斗争弄得劳动力减少了，有土地没有人耕种呢？事情不是这样的。我们为了保卫苏区，有许多壮年人参加红军或地方武装，使农村劳动力受到一些影响，是不可避免的。但你们未向我们进攻以前，这些地方的田地并无荒废的情形，你们来了，老百姓逃跑了，土地无人耕种，所以显得荒凉，我想主要的是这个原因。至于一些房舍被毁坏，恐怕大部分是由于战争所造成，同时在革命竞争的过程中，个别的过火的行为，也可能是有的。"

我站在反对阶级斗争的反动立场上，不仅没有接受秋白先生的启发，而且和他进行了争论，争论的详细情形我记不清楚了，只记得在最后我曾说过这样几句话："根据江西省政府最近的调查报告，说自民国十六年（即一九二七年）共产党在南昌暴动起，随后在农村搞分田运动，一直到共军退出江西根据地，仅七年的时间，江西省人口减少了八百万，我过去读历史，说黄巢杀人八百万，感到寒栗，今天你们搞阶级斗争，更不知道要死多少人？实在是太可怕了！"

秋白先生对江西省政府的调查报告，表示怀疑，认为是有意夸大数字，借此来诬蔑共产党。同时秋白先生又说，在激烈的阶级斗

从潘家园翻出的历史

60

争过程中，人员的死亡和人口的减少，是免不了的，造成这种情形，主要是由国民党负责，因为国民党先调集了百万以上的军队来围攻我们。

以上是我和秋白先生谈话的大概情形。

（三）就义情形

蒋介石得悉拘捕了瞿秋白的消息后，即令国民党中央党部的调查统计局（系由陈果夫、陈立夫所领导的特务）派了两个人，由南京赶来长汀和秋白先生谈话，这两个人到长汀的时候，我还没有回来，当我回到长汀的时候，他们和秋白先生的谈话已基本上结束了。我请他们吃了一顿饭，第二天他们就走了。这两个人的姓名和模样，我作过多次的回忆，总是想不起来。他们和秋白先生谈话的内容，我也不清楚。只知道他们想劝秋白先生背叛共产党，并交出共产党内部的组织情况，是完全没有达到目的。他们回到南京后，对蒋介石的报告内容如何，我一无所知。

一九三五年六月初，我接到驻南京办事处的电报，说本师有调动的消息。瞿秋白的问题如何处理？是需要及早解决的。因此，我分别打了一个电报给蒋鼎文，请示如何处理？我好像记得发给蒋鼎文的电报里，还谈到如送去漳州时在路上的安全问题。以后听说蒋鼎文也有电报向蒋介石请示。

一九三五年六月十七日我先后接到蒋介石和蒋鼎文均是"限即刻到"的电令："着将瞿秋白就地处决具报。"当天晚上我和向贤矩及政工处长蒋先启、警卫连长余冰研究了执行这个命令的具体措施。商定：（1）地点——中山公园；（2）时间——六月十八日上午十时；（3）由司令部通往中山公园的路上及中山公园的周围，均由警卫连严密警戒，禁止老百姓观看；（4）十八日早晨餐后，由向贤矩将蒋介石的电令交瞿秋白看；（5）由蒋先启随伴瞿秋白前往中山公园，并负责监督执行。

六月十八日早晨八点多钟在警戒方面部署妥当后，向贤矩进入

61

秋白先生室内，将蒋介石的电报交秋白先生看，据向贤矩告诉我，瞿先生看了后，面色都没有一点变化，好像若无其事一样。九时许，我和司令部的大部分干部，共约一百多人，都先后自发地走到堂屋里来了，九时二十分左右，秋白先生在蒋先启的陪伴下走出他住了一个多月的小房间，仰面向我们这些人看了一下，神态自若，缓步从容地走出大门。时间只是一刹那，但秋白先生这种视死如归的伟大精神，使我们这些人很受感动，在场的每个人都觉得很难过，默默无声地离开了那间堂屋。

由司令部走到中山公园，只有六、七百步，这个公园地区不大，环绕一圈，不过两里多，周围有些树木，中间有一块小规模的运动场，靠东边有一个用土砖砌成的讲台，除此以外，别无其他建筑，亭台楼阁的点缀，这里是一点也没有的。

秋白先生在蒋先启的陪同下，来到公园，在那座讲台的前面停下来，当时除周围担任警戒的士兵外，在场的仅有警卫连官兵三十余人，约在十时左右，一个士兵用步枪向秋白先生的胸膛开了一枪，秋白先生倒下了，这位杰出的无产阶级战士，为共产主义事业献出了他的生命！

执行后，蒋先启回到司令部向我和向贤矩报告执行情况，说秋白先生到了公园后，向在场的人作了十多分钟的讲演，主要是说共产主义是人类最伟大的理想，是要实现一个没有剥削没有压迫的世界，使人人都能过美好幸福的生活。他相信这个理想迟早一定会实现，中国共产党最后一定会胜利，国民党的反动统治最后一定会失败等语（大意如此）。

秋白先生讲完后，举起右手，高呼：

打倒国民党！

中国共产党万岁！

共产主义万岁！

据蒋先启说，当秋白先生喊完口号后，他便命令士兵开枪，结束了秋白先生的生命。这里顺便说说这个蒋先启。他是湖南新田人，是革命先烈蒋先云的弟弟，曾留学苏联，加入过中国共产党，以后叛变了，跟随反动头子贺衷寒（蒋介石军队政工系统的首要人物）多年，他是于一九三三年秋由贺衷寒的总政工处秘书调到三十六师当政工处长的。抗战期间他在浙江省当县长，被日伪军俘虏了，以后当了汉奸，抗战胜利后，他并未受到任何处分，回到湖南原籍，解放后情况不明。至于那个负责执行的连长余水，不久便在战争中阵亡了。

将秋白先生处决后，我叫人买了一口棺材装殓，即埋葬在中山公园的旁侧。

在六月十八日那天下午，我将处决瞿秋白的情形，分电向蒋介石、蒋鼎文报告。

几年前有位朋友曾和我谈起瞿秋白先生，他除了对秋白先生的尊敬外，同时还认为秋白先生在长汀所写的一些诗文，例如集唐诗一首："夕阳明灭乱山中，落叶红泉听不同，已忍伶俜十年事，心持半讯万缘空"等句，带有悲伤颓丧的情绪，欠缺革命者正

宋希濂回忆瞿秋白就义经过

气磅礴，意志昂扬的英雄气概。

不错，秋白先生是个伟大的文学家，在他就义前的一个时期，没有写出像文天祥那样的正气歌，也没有写一篇伟大的革命文学来遗给后人，诚然使人感到遗憾。但在"为革命而死"与"背叛革命"两条道路作抉择时，秋白先生在得悉蒋介石下令要处决他时，那种若无其事的神态和从容就义情形，充分证明了那崇高的革命品质，又何能因他写了一些伤感的文句，而对之有微辞乎！

蒋介石是一个非常阴险毒狠的家伙，任何人要是反对他，不乐为他所用，只要他办得到时，他一定要千方百计来加以杀害，例如邓演达、杨杏佛、史量才、李公朴、闻一多等人都是在他这种恶毒作风下而牺牲了的民主人士。他对共产党人，则更是刻骨仇恨，远在大革命时期，他就认定共产党是他的死敌，他常常说："不消灭共产党，死不瞑目。"自他于一九二七年背叛革命后，数十年间，被他杀害的共产党人，难以数计，当然他更不会放过像瞿秋白这样的革命领导人物的。秋白先生迟早必被蒋介石所杀害是无疑的。但我在这个重大罪案中，不仅充当了杀害瞿秋白先生的刽子手，而且由于我向蒋介石报告了秋白先生被捕后表示的态度以及请示处理，促成了秋白先生的及早被处决。

中国历史上一位杰出的革命家和文学家——瞿秋白先生，竟死于我之手，将我碎尸万段，亦不足以蔽吾之辜！解放初期，我自认是必死之人，万万没有想到伟大的中国共产党和毛主席，对我进行耐心的教育，使我得以认识真理，明辨是非，把我的灵魂从罪恶的深渊中拯救出来，而且宽恕了我的罪行，给以重新做人的机会，党之于我，真是恩深再造！

宋希濂

一九六三年四月稿

朱光沐与朱五的情书

以下是我在潘家园拾到的几封朱光沐与朱五的情书，其中一封情书原文如下：

我永久亲爱的 P. P. ：

今日收到初四日的来信，照药方看来，头痛恐由阴亏所致，我二十几岁时，也是如此，吃六味地黄丸好的，既然不愿服中药，就赶快找西药经治，不要种下病根。我母亲也有头痛的病，因为起居不注意，直到现在数十年，还是时发时愈，协和治病不敢说好，检验确很周密，你到北平何妨乘便去一次呢？

昨晚王充学请小吴夫妇、二奶奶和我在大和旅馆吃牛肉火锅，久不尝此味，觉得格外甘美。你闻见了也要垂涎三尺咧。我们猜想，那时你一定和老铁去看电影，不知道对不对？我并没有把安眠药的真意图告诉若愚，我说是代表 RUN 不是轻得多吗？这种安眠药人人从小吃到大，有什么用呢？哈哈，我听说四小姐又身怀六甲，有一个多月了，现在正设法堕胎呢！老铁的二百元，已经面交二奶奶，东大还无回信，明天再问。

旗袍装相照好了，赶快寄给我，恰巧我买了一个很好的镜框，所以愈加着急要装上，一天近一天了，不过觉得还诶慢，P. P. 常来信，免得悬望。

沐　三十一　夜三时

信中所说的四小姐就是赵四，而 P. P. 就是朱五。"赵四、朱五"是谁？赵四是张学良的夫人赵一荻，即赵四小姐，朱五是北洋政府总理朱启钤的五女儿朱湄筠。张家与朱家有着说不清的关系。赵四、朱五是中学同学，朱五嫁给了张学良的秘书朱光沐，朱六嫁给了张学良的弟弟张学铭……

朱光沐，字秀峰，1887 年生，浙江绍兴人，毕业于国立北京大学法科。历任安国军第三、四方面军团部秘书及军法处处长，东三省保安总司令部军衡处处长，同泽新民储才馆教育长，东北边防司令长官公署秘书兼东北电政管理局局长等职。1931 年任国民政府陆海空军副司令行营总务处处长。1932 年任北平绥靖公署总务处处长。

朱五是北洋政府总理朱启钤的第五个女儿名朱湄筠，人称朱五小姐。1931 年"九一八"事变时，马君武曾写过一首"赵四风流朱五狂，翩翩蝴蝶最当行，温柔乡是英雄冢，哪管东师入沈阳"的打油诗，讽刺张学良，诗中的朱五就是朱湄筠。朱湄筠后来嫁给了张学良的亲信朱光沐。

在文献档案中查出，周恩来总理 1960 年写给张学良的"为国珍重，善自养心；前途有望，后会可期"十六字密信，就是托朱五通过妹妹朱浣筠送给了在台湾的张学良。

20 世纪 30 年代初，朱光沐一会儿在沈阳，一会儿在南京，又来往于上海、杭州。朱五此时在天津和北京。朱光沐与朱五的通信中，大都在畅谈天各一方的思念之苦，朱光沐更是用古人诗句"心如膏火独夜自煎，思等流波终朝不息"，来表达他对朱五的思念。恋爱信中也多次提到朱五的舞讯："本月十六日，北洋画报曲线新闻登载，今晚俄国医院假座西湖别墅开慈善跳舞大会，名交际家朱湄筠及王涵芳女士，亦将参加舞会共襄善举云云，就是你说的音乐会了？"（这是身在异乡的朱光沐看到报载舞讯后给五小姐的信）当时国民党正值"剿共"，但情书中大多没"战争"字眼，真是前方恋战后方恋爱。

朱光沐与朱五的信

情书中也多少透露一些不满与无奈，世道人心和男女情长："军事紧张，不过多添麻烦，并不十分忙碌。""到前线看热闹据眼下情况，恐怕要成画饼。""这两天每晚赌钱，睡得很晚。"（朱光沐给朱五的信）"二爷等整夜狂赌，每人输赢数万。""中国目前是无心肝的（人）实在让人伤心，劝你不要太傻，卖命的卖命，开心的开心。"（朱五给朱光沐的信）

朱光沐在给朱五的信中还特意提到赵四小姐："我听说，四小姐又身怀六甲，有一个多月了，现在正设法堕胎。"

张学良

由此看来，当时张学良与赵四小姐正非常缠绵，那些达官贵人每天歌舞升平，富佬阔少日掷千金，而东北老百姓却在日寇蹂躏之下，生活处于水深火热之中。

民国人物陈修夫自传

写在前面

20世纪90年代初，在北京潘家园旧货市场书摊，一堆从废品站拣回的旧书报中，有一本用牛皮纸做封面，用两个已锈成铁疙瘩的螺丝钉竖着钳在一起的32开小本子，封面毛笔楷书《陈修夫自传》。在《陈修夫自传》旁有歪歪扭扭的几个钢笔字"已死"，并注有一九五五年字样。

我翻开看，《陈修夫自传》蝇头小楷写得很漂亮，就花十元钱买了回来。"我是河北庆云县城后陈家庄人，生于一八八三年十月二十九日，即旧历清光绪九年九月二十九日。陈攸山，字修夫，……"当我读到"一九一一年三月至一九一二年二月，是我用文字鼓吹革命转至参加革命行动的一年……"时，深深把我的眼球吸引到这个小本子上了。我去查阅辛亥革命、民国人物辞典、资料，均未收陈修夫。但从《陈修夫自传》中有他与孙中山一起组建国民党，有他与张作霖、张学良的交道，有他与吴佩孚同住一月的彻夜常谈，有冯玉祥邀他的信函，还有蓝天蔚[①]、

---

① 蓝天蔚（1878～1921），早岁入湖北武备学堂。1902年派赴日本，入日本陆军士官学校，1904年毕业于日本陆军士官学校工兵科第二期，同年加入中国同盟会。归国后，张之洞任命为统带官。1910年任东北第二混成协统，驻防奉天。1911年10月参加武昌起义，11月参加奉天新军起义，被推为中华民国政府临时关东大都督。1912年1月孙中山委任为关外大都督。1913年北京政府委任为将军府参事，后升将军府将军。1915年袁世凯密谋称帝，乃离京回鄂，占领三县宣布独立。1916年组织讨袁联军，事败后在夔州举枪自戕未死。1919年任鄂西靖国联军总司令，进军湖北施南。1921年2月，所部为孙传芳部歼灭，遁往四川，为川军但懋辛部捕获于夔州，3月31日押至重庆，抵达之夕即自戕，年43岁。

刘艺舟①等等。他组织了登州起义，亲历了济南暴动，起草了自治大纲等，寻找救国方略。辛亥革命、北伐等风云人物屡屡在他的自传中出现。虽然后来他在革命的大浪中被淘出。但在百年之后的今天，是否也应该有他一个像颗小星星一样的位置呢？尽管这颗小星早已坠落。因此，我就有了以他自己的《陈修夫自传》给他立一个小传的想法了。

我的自传
陈修夫

一九一一年三月至一九一二年二月，是我用文字鼓吹革命转至参加革命行动的一年。我报出版（陈攸山、黄世农一九一〇年在沈阳创办《东方醒狮》日报一大张，星期日加半张），正值清政府向英美德法订借一千万镑大借款契约成立，把民营的川汉铁路收归国营，借拟契约是修筑川汉粤汉两铁路，即以两路作抵押。当时全国反对，四川人尤愤激，不少地方发生暴动。自然，这是我报攻击清政府的最好题材。由此，我报的新闻评论，以攻击清政府充满了篇幅。那时总督赵尔选，对于我报非常吃惊。他叫民政使张元奇出来干涉（那时报院归民政司管理），张不敢拒绝，可是又怕戴上摧残舆论的帽子，于是他托地警萧应椿用私人资格、朋友名义，向我劝告。我答应他，了后不再批驳上谕（上谕是皇帝的命令，当时我常批驳上谕）的文字，官府勿再过问。

那时许多有革命思想的人，来报馆访问我，有的成了朋友。

① 刘艺舟（1875~1936），湖北武昌人，甲午中日战争后，寻求新知，上书张之洞言变法，后派往日本留学。期间，结识黄兴，受孙中山思想影响，积极从事反清运动。回国后，通过戏剧，宣传爱国主义。1911 年秋，在山东一带演出。辛亥革命爆发，组织一支革命军占领登州（蓬莱），并攻克黄县等地，被委任为登黄都督。袁世凯任临时大总统后，辞职，以编演文明戏蜚声剧坛。1913 年第二次革命失败，以名在捕中，乃逃往日本。1915 年回国，被逮捕。袁死黎继，始得出狱。因编《皇帝梦》一剧，被湖北督军王占元下令逮捕。以后又自编自演《石达开》在汉口演出。因其剧团演出内容都是针对官场时弊，所以总不为地方官所容，被迫离开。1936 年逝世，终年 61 岁。

到了八月，我所得的消息，各地革命的空气，全很浓厚了，可是如何发动？在什么地方发动？我认识的这一班朋友，谁也不知道。我想，最好先在北京发动，次在直隶（那时河北省叫直隶）。我打算到天津、北京各处看看。可是在我这次到沈阳以前，和革命党人一点接触未有，我也未有革命思想。现在要回直隶，就需要在沈阳的朋友向这方面作介绍。有的朋友，给我写了介绍信，有的告知我，保定育德中学，是革命党人聚集的地方，到那里问问，北方革命的情形，就全知道了。

我于八月十四日到天津，发高烧，病了十几天（早在报上看到了武昌起义，是八月十九日，即新历十月十日）才起来。赶快去保定，到育德中学。那时，保定正计议由入伍生（即军校毕业到军队见习时）起义，我介绍我的同学秦承烈（是我宏西老师的孙子）和入伍生见面，商量取得军器的办法。那时秦承烈是保定军械局兵器库的库官。计划妥当了，决定第二天晚上，占领保定。不料第二天早晨，革命党人吴禄贞在石家庄被刺身死，消息传来，保定起义的计划就放弃了。这是八月末九月初的事情。

我又回到天津，租了法租界平安里九号一所小房子。往来的人虽然不少，可是对于实际革命，未有帮助。我住了一个多月，所有的消息概括起来是，南方革命进展很快，北方革命处处失败。除吴禄贞被刺外，还有两件最可惜的事：一是张绍曾在滦州失败，二是蓝天蔚在沈阳失败。张绍曾犹豫不决，给袁世凯造成攫取清室政权以后，篡窃民国之机会。蓝天蔚犹豫不决，给张作霖造成以后割据东三省之机会。这时我在天津住着，实在毫无意义，又接到沈阳来信，我的报馆也被张作霖抄没了，文学编辑田今生被杀害。又接到刘艺舟、宋涤尘来信说：他们到了安东，于是我赶快去安东，因为我那位老世交马龙潭，是奉天（那时的省名）巡防营右路统领，安东也是他的防地，我很怕这两位朋友落到他手里。我深夜到了安东，按着他信上的地址，未找着，我找到日本报馆一问，据说：刘艺舟已去了凤凰城。第二天我赶到凤凰城，晚上见到马统领，才知道刘艺舟在凤凰城经过，未下火车，我这才放了心。我在马统领文安处住了两夜，经马统领口中，听到蓝天蔚失败和张作霖取得实权的经过，真是叫我气短。

我从凤凰城又回到沈阳，从前的朋友，一个也不见了。找了两天，在南满车站附属地，找到高震，才知道前在沈阳的一般朋友全到了大连，刘艺舟也在那里。

我到了大连，刘艺舟、宋涤尘还有几个山东朋友，全到烟台去了。其余的朋友，分别住在旅馆里，大连各旅馆，全有野妓，这些同志之间，往往因为争风吃醋打架。我赶快租了一所大房子，写了一个通知，叫那些革命同志，限三天以内，搬进这所房子去，不搬去的，认为他脱离了这个团体。一面给商震去信，叫他赶快到大连，把这些人，组织起来，因为商震已成了蓝天蔚的代理人。

又过了两三天，刘艺舟等，由烟台失败回来了，又运动别的地方。我搬到宝善荷圆三楼上去，和刘艺舟等人，专作山东的运动（商震专作关东运动）。登州革命运动成熟了，我们一到获得成功。然鉴于烟台的失败，需带一小部分武力，以防止反动势力复活。打算买几十只小手枪，可是未有钱。那时蓝天蔚由上海汇来八万元日金，在商震手里。我把商震请来，和他商量。借他三千元，他说钱用完啦，不肯借。我和刘艺舟去找颜白毛，向他借一百人带枪。颜是渤海湾里边海盗的统领头目，名兴旺，白毛是绰号。由于颜白毛的介绍，把他的部下四百多人，归了我们，全是好枪。南满铁路运输科早和我约定：他们的车辆（包括大车运货电车马车等）、船只（包括轮帆船、渔船）、仓库，我们全可使用，并可先行记账。又派大慈弥荣，常和我联系。这时我把运输这四百多人去登州的事情，托大慈弥荣办理。那时大连是日本租借地，可是海关还是清朝的官吏掌执着，所以先把枪弹运进了西岗子铁路仓库。这四百多人，再在西岗子渔船码头集合，晚上连人带枪上渔船，我们几个人和大慈弥荣，乘轮船越过海关查验线，到口外去等他们。等他们全上了轮船，我把军队上四个首领，介绍给刘艺舟和其他各人。因为在大连市内，这四个人，只和我一人见面订妥的。我和大慈弥荣乘渔船回市内，接着我又到天津来。我知道占领登州已无问题，以后进行革命，必先扩充军队，这就需要有军事知识能力的人。去登州的那些同志，全是书呆子，所以我回天津来找人。

我在天津平安里的时候，有几个留学日本仕官学校的学生，常和我往来。我去了东北，他们也分散开了。我这次又找到他们，请他们上登州，他们也愿意。我还给路费，叫他们分别各自走，等了十来天，他们才动身，我又回来大连。我是带着扩充军队一个目标进行，天天买军械、招兵。买妥一批，我就给刘艺舟打电报，接着，用南满铁路的船运了去。运去两批，登州也未有回电，也未来人。第三批，我自跟了去，到登州看看。我到了海岸上，无人管，到了都督府，出入的人很多，无人问，到了里头遇见两个都督，一个叫连成基，是山东人举的，一个叫杜扶东（名潜）是孙中山派来的。刘艺舟是总司令，我到他那里，做守卫的是海军陆战队，是由蓝天蔚那里借来的。那时蓝天蔚用关东都督的名义，由上海带领三只兵舰来到烟台，有一千多陆战队是新招的，不会放枪。给刘艺舟守卫的，内外坐满了，但有人出入，他们全不问。

我由天津找来的人，只有二人，在刘艺舟这里。其余刘艺舟全不知道。我以前运来的那两批军械和新兵，也不知道哪里去了，他们也不问，我来的电报，他们也不回复。

以后见到赵警西，他是我由天津介绍来的。赵说，我因为你的关系，未走，其他同学，全到刘庄复那里去了，你（指我）经大连运来的新兵和军械也由刘庄复接收去了。刘庄复，名基炎，是上海都督陈去美所派沪军北伐军司令，带来三营学生军，也驻在登州。我介绍到登州来的人，和刘庄复是在日本的同学，所以他们合在一起了。

我从前的打算，完全落了空，在登州起义的这群人，一个有出息的未有。接着孙中山命令烟台登州两个都督府合并，另派胡瑛为山东都督，驻烟台。我和登州起程的这群人，到了烟台，他们明争暗斗的抢位置。

我打算恢复我那《东方醒狮》日报，只筹到不满一万元。接着，南京政府承认袁世凯当临时总统，谋求南北统一。山东省长张广建是袁世凯派的，也和胡瑛商量，求山东的统一。由双方派代理在青岛谈判。

那时德国人是最仇视中国革命的，烟台都督府派外交司长刘艺舟作代表到了青岛，德国警察署说刘艺舟扰乱青岛的治安，驱逐出境，并罚金三千元，限三天以内交纳。这个电报来到烟台，胡瑛（湖南人）未有实权，其余的总司令、各司长、税务局长等，全是山东人，他们排斥刘艺舟（湖北人），不肯汇钱去，他们想让刘艺舟受更大的挫辱。我看出这个情形，赶快汇去三千元，并告知他这个情形。

刘艺舟一怒之下，去了上海，仍过演新剧的生活，不回烟台了。

前几天，蓝天蔚因为军队未有了伙食，向我借去三千元。我本打算筹三万元，恢复我的报馆，这时只剩了三千元。我把财政司长李慎哉叫来，把钱点交给他。我就离开烟台，到大连我和宝善园领班的孙彰一借了三百元路费回了家。这是一九一二年二月。结束了我参加辛亥革命的丑剧（以上年是新历，月份是旧历。以下年月全是新历）。

一九一二年五月，我由家去上海，先到南市新舞台看刘艺舟的新剧。因为我和刘艺舟相交一年多，他的剧本，在我报上登载了不少。可我未看见他演剧，所以这次去看看。由刘艺舟介绍我和新舞台各人认识。那里新舞台成了新人物的会集地，凡参加革命的人到了上海，未有不到新舞台去的。因为新舞台组织有救火会，这群救火会员参加了辛亥革命，打开上海制造局，拥护陈英士（名去美）作上海都督。他们是上海革命的先锋队。

我到的时候，正有一大群新人物，计划组织伶界联合会，由新舞台作领导，改良戏剧。以后又把我拉进去，其实我对戏剧，一点也不懂，如何改良，我更未有意见。等到各舞台的老板们，把伶界联合会的组织人选商量好了，推我起草会的组织章程。后来该会成立了一个补习学校，由我担任编教材。

其实我对于这些事一点不感兴趣，尤其当时的局势，革命党人与袁世凯已成了死冤家，可是革命党人，对于如何充实自己的实力，坚强自己的组织，一点也没主见，只是一味地谩骂。这样下去，惟有失败而已。

我在上海三个月，正想离开，又遇到陈幹来上海，邀我到他那里去（我在沈阳认识他）。他是第三十七混成旅旅长，他的部队驻徐州，他在山东革命党中，是很有名的，可并不是军人。我到他司令部的那天，他正派人送六万元现洋，去上海存汇丰银行。我问他为什么？他说，预备失败了，作生活费。就凭这一点论，他那山东革命党三杰之一（那两杰是刘冠三、徐子健）的头衔，实在是虚有其名！在他那里住了两天，对他说：我对你的事情，实在未有能力帮助，我回天津去了。这是八月间的事。

那时正在预备选举，许多小党合并成大党，同盟会拉了几个小党，合并成国民党。共和党拉了几个小党，合并成进步党。共和统一会拉了几个小党，合并成民主党。其分子复杂，各党一样。就大体说，国民党是反对袁世凯的，进步党是拥护袁世凯的。各党为争选举，全去各县成立分部。天津南边有几个县，国民党分部成立不了。国民党省支部的几个朋友，是以前革命时同我常在一起的，就要求我加入国民党去组织分部。那时我对于任何政党全很不满，所以我拒绝他们的要求。最后他们说，你不帮助国民党，就是赞成袁世凯。我于是加入国民党，按照孙中山的口谕去组织分部，并办理初选。可是我和他们约定，等到选举完毕之后，我仍辞去国民党党籍，也决不再加入任何政党。各县初选完了，接着办理复选。天津、河间两府为直隶第四复选区，在沧县举行。众议员院议员和省议会议员，连续复选，我在沧县给国民党办理复选。

这次选举，就全国说或就直隶一省说，或就沧县一区说，国民党全得到很大的胜利。选举完了，我就回了家，这是一九一二年十二月。

一九一三年三月，我到天津，把国民党党员证还给国民党支部，那里旧首脑人物，全到国会当议员去了，次一等的也去做官了，里边有两个人，我不认识，我把党员证交给他，我就走了。在天津又住了几个月，时势逆转的很快，袁世凯成了专制魔王，国民党屡屡失败，凡参加过辛亥革命的人，被杀被捕的，不可胜计，我于七月间又回了家。

一九一六年三月间在家，忽然接姜同尘的信，说他在天津做买卖，叫我去帮助他。我知道这是假话。辛亥革命时，我在天津见过他，二次革命时，我也在天津见过他。他是始终奔走革命的。这时候，正是袁世凯称皇帝，袁军和云南讨袁军在四川血战的时候，他如何能在天津做买卖?! 我到天津和他见面，他说他从上海来，陈英士派他来北方活动，我认识的人少，我推荐你（指我），陈英士也认识你，他很同意，他邀你先到上海和他谈谈。

我和姜同尘就到了上海。晚上和陈英士见面，略谈几句各处讨袁情形之后，他就讲起中华革命党的组织来，讲了很长的时间（那时孙中山已把国民党改组为中华革命党）。大意是说，孙先生是先知先觉，有先见的人，可是他见到的，各同志见不到，就不听他的，以后失败了，再想起他的话来就晚了，以前国民党每次

从潘家园翻出的历史

失败，都是如此（举了好些例子）。现在中华革命党的特点，就是党员要绝对的服从党魁。希望我加入中华革命党。我说：从初次革命到现在，我始终拥护孙先生的主张，可是我未加入任何政党。我认为一般民众的知识只有相当的水平，有了运用正当权力的能力，那时政党才有后盾，才有力量。我自觉我们的知识能力，全不够党员的资格，所以我不肯加入。可是我这次应邀而来，先生（指陈英士）如有使令，我惟命是从。我还说：北方人心，普遍反对袁世凯，但是只在个人的意识里，或口头上，要说揭竿而起，那是办不到的。若在北方活动倒袁需有特殊机会，这是不能预期的事。我就又回到天津。

又过了几个月（大概是六月），袁世凯病死了，国会恢复了。我来北京住了三个月，政权仍在北洋军阀手里，黎元洪虽然是总统，也和木偶差不多。国民党议员，派别很多，全是谋个人的私利。我只好再回家。

一九一八年十二月间，我起身去陕西，那时吴佩孚住洛阳，势力正盛，吴有左右陕西大局的力量，我决意先在洛阳访问吴佩孚，问问他对于陕西的意见。我到洛阳和吴佩孚谈话之后，吴留我久住长谈。我在洛阳住了一个月，差不多天天和他谈话，东西南北的不定谈什么。陕西的情形，也谈过好几次，引起了吴对陕西的注意。

一九二一年一月末，我由洛阳去陕西三原县，我打算会见三个人：一个是于右任，是靖国军的总司令，是名士，是革命家；一个是胡景翼，是陕西靖国军的创造者，是实际的军事领袖，也是实际的民众领袖；一个是岳维峻，是靖国军第四总司令。可是这三个人，一个也未见到。于右任到耀县宣传无政府共产主义去了，胡景翼回富平庄里镇老家过年，岳维峻重病不能起床。我只和于的秘书长王陆一、参谋周耀武，胡的副官长郭蕃，岳的副官长史可轩，谈了不少话。我对于靖国军和敌方相持的形式，以及内部的情形，全明了了，也就不必和他几个领袖见面了。住了两天，我给他们三人留下一封信，教他们赶快打开陕西的大门，向东方开辟出一条出入的道路。这就需要和吴佩孚联络，由吴介绍靖国军和张锡元联防。张的中央第四旅，保卫由潼关至渭南的大道，渭河以北，就是靖国军，一联防，就把敌人的封锁打破了。我又留下一封给吴佩孚的介绍信，他们要赞成我这个建议，他就派代表拿着我的信，和吴佩孚去联络。这样我就直接回了北京。到了十一月，胡景翼来信邀我去三原，这时陕西潼关军是冯玉祥，胡景翼军也由吴佩孚改编为陕西第一师。我到了，住在胡的司令部，胡给我一个顾问的聘书。

　　一九二二年四月，胡景翼师预备奉调出关，参加直军对奉作战。我于五月先行出关，接洽设立兵站及补充军火等事。六月胡师大部到达河南，协同冯玉祥军，把赵倜的军队击溃，保卫了吴佩孚军在前线作战的安全。以后胡师即驻京汉线彰德、顺德、正定一带，我有时候到武汉、西安、开封给胡当个代表。直到一九二五年四月，河南督办（那时督军改名督办）、省长胡景翼病故之后，我才离开他们这个团体（那时胡的部队已改为国民二军，他这个部队是一个不很和谐的私人团体）。那时我的家眷已由庆云来到北京，以后我就在家里住着。

　　一九二七年春，有位姓宋的和我认识，对我说：冯玉祥派人到北京，住在东交民巷华北银行后院，他邀你去谈谈。

　　晚上我到他那里，见着好几个人，内中我认识一人，就是张俊杰（名树声），他在陕西给冯玉祥当代表，我遇着过。

　　冯玉祥说了好多使我激动的话，教我到京汉线新乡、彰德一带去组织武力，援助北伐。那时冯的军队，已到陕西，不久即到河南，渡河北伐。

　　我答应先去看，如有可能，我担任联络，请他另派人组织指挥。我到彰德，找到一个对各方面多有联络的人，叫刘其武，是那里中国银行给我介绍的。

七八天的工夫，经刘其武给我介绍了不少人，全是红枪会民团的首脑。我由彰德回来，正是张作霖查抄苏联大使馆，杀害李守常等人之后，张树声等害怕搬到天津，不断有人和我联络，可不告我他们住址。我只能把彰德的情形，托付来人，转达他们，他们不派人去，只好作罢论。可是我也怕和彰德方面失去联络，将来用着了又来不及。我就叫刘月亭到彰德和他们联系。

刘月亭是国民二军的团长，他当营长的时候，驻在彰德。以后张树声派人给我送来三次委任状，一次一个名称。最后是北方国民革命军第二路游击总司令。这三项委任来人不肯带回去，我当着来人的面烧掉了，我认为他简直是拿我开玩笑。

等到七月末，有一人到我家，自称叫刘玉山，给冯玉祥当过第六师师长，是冯总司令派他到彰德去劳军，邀我同他去。我知道他是要看看虚实。我也愿意把彰德的事情交代给他。他们直接办理，我就未有责任了。

到了彰德一看，和春天的情形大不同了。春天红枪会是防备奉军，抵抗奉军的，现在他们协同一致了。查火车、各处守卫，全是双方协力。城内组有联合会，各红枪会首领，全有奉军的聘书，每月拿几百元车马费。我和刘玉山到了鼓楼前一个杂货店停下，未得休息，许多人带着枪，去看我，我一个也不认识，可是他们全认识我。问了问，才知道，他们全是红枪会的二头们。他们的老师（即首领）全在漳河岸上和天门会作战了，彰德城北二十五里才是漳河。我向这些二头们说：你们赶快给你老师送信，说我来了，别打仗了，你们和天门争执，我给你们解决。明天早上九点钟全到倪家来开会，务必全到。

第二天（七月二十七）一起身，就叫人去请刘玉山，一直找到九点，未找到踪影，只有我自己到会，不顾成败，立刻发动战争。

79

我一到会，就宣布，令天，奉军总退却，我们要立刻开始攻击，先截断他的交通，南宜北玉丰梁镇，五个车站，在今天下午两点以前，同时占领。叫他们自报担任占领某个车站。他们到会的共十七人，我用北方国民革命军第二路游击总司令的名义，委托了十七个支队长。分派他们出督之后，我和第一支队长辛殿平出城，集合了许多人，一面占领了车站，一面进城，先把守卫城门的奉军缴了械，关了城门，接着在城墙上头布防，然后包围警备司令王丕焕的司令部。劝告王丕焕自动出走，保证他安全出河南境。一夜之间，王的部下大部缴了械，少数的携枪逃走。彰德城关未遭到一点儿破坏。在彰德以南的还有奉军骑兵，三天之间，也全部肃清。

我先给冯玉祥总司令（他是国民革命军第二集团总司令）发了一份电报，然后写一封信，叫刘月亭（他是总指挥）去洛阳和他报告详细情形，并对红枪会作个善后措置，一面请他派部队来接防。以后派十九师师长吉鸿昌来了。不多几天，又把他调回去了。等到八月二十七日，我给冯去一电报，请他在九月一日以前派人接防，我负责维持至八月三十一日为止。以后我不负责任。他回电，教我会同第三路总指挥孙良诚妥为维持地面。这时冯又给我和刘月亭加一个少将高级副官的委任。到了三十一日，我又去一电报，报告结束完竣，即刻离职。我同刘月亭到了郑州（那时冯驻郑州），我说月亭你去报到吧，把我的委任等带回去。你报告冯总司令，我不是军人，我不敢接受军职，在彰德的胜利，完全是侥幸成功，一切经过，我已有书面报告，不用再说，所以我不去见他了。在郑州住了一个来月，我远道山西，回北京了。

一九二八年七月，北伐军到达河北省，民众欢欣鼓舞，认为中国从此统一，可以走上建设之路，我县的许多朋友，要求我回家，共同讲求地方自治。我答应担任做计划。八月底我到了家，草拟了一篇庆云县建设要略，请大家详细讨论。经大家同意之后，印成单行本，分送到各村庄及公教人员，也作为我以后做计划的纲领。

我提出来的计划，见于实行的，择要列举于下：

一　先把县内五个区，改为十四区，（暂时的以后改为二个区）成立民团，肃清土匪。

二　废除县政府之旧制度，把三班六房，一律取消，所有县府书记、政府警察，全由考试录用，除县府正薪外，由地方款给予津贴。

三　成立乡村师范学校，造就师资，预备改良教育。

四　建立严正的户籍制度，作为一切设施的基础。

五　根据户口划分学区，凡二百户以上，四百户以下，分为一个学区，择适当地点设立学校，使每个学童距离学校，最远不超过一里半地。如有孤僻小村，就设分校。

六　根据户口，整理地粮，务使粮地相符。种种弊端一律革除。

七　破除迷信，全县庙宇，适用的改为学校或村公所，不适用的，限期拆除。作为修建学校的材料。所有僧道，壮年反俗，做事劳动，老年分往附近学校看门，比普通工友，多给工资。至于尼姑，不满十八岁的，收入学校，教养费由公款负担，十八岁至四十岁的，教她自行择配。四十一岁以上的，每人给予八亩地，一间屋，不禁止化缘。死后，公款棺葬，将地屋收回。

敬神用的烧纸、香、金银锞，县境以内，不准售卖。

八　禁止早婚及买卖婚姻。凡女不满十八岁，男不满二十岁，及男方对女方有彩礼行为的，一律不准结婚。结婚需在十天以前，到区公所登记。不登记和不合规定的，区公所不准结婚。

九　设立农事试验场，改良粮种、柿种、畜种，做各种肥料试验。

十　提倡打井，每打井一口，贷给公款一百元，分三年归还不取利息。

十一　研究增加农家副业。

十二　实行改良教育。

十三　办一份周报，名为《民间》，我当社长，略载一点儿国家大事外，主要的是把县里建设的事情，作批评和研究。

我县有一个劣绅，把持县的教育二十年，他勾结天主教堂，把各小学全归到天主教的掌执中。他的手段是把小学教员的薪金极力压低。在丁纶恩创办初小的时候，教员月薪是六吊铜钱，可以买五元现洋，或两石玉米。到一九二八年，我回家之前，教员月薪还是六吊钱，只能买五毛多现洋，或一斗多玉米。这样，谁肯当教员呢？可是他有办法，他教天主教堂给他推荐教员，由天主教发薪，外边挂初等小学的牌子，内边是天主教传道。这样学校，全县有九十多家。一九二九年伏假，乡村师范已有两班毕业生共百十个人，是已接收这些天主教化的学校了，于是消灭传道所，改变为正式学校。天主教堂还设有两个师范班，我根据部章，师范不准私立，建议教育局把它封闭。学生可以转学到县的师范或初中。

此外我对教育还有好几种建设性的计划，未及实行。

以上我说的这些，在自治范围内，是极平常极起码的事情。可是天主教堂把我看成他们的死对头，天津老西开天主堂主教是法国人，也到庆云交涉，声称要恢复他们的学校，这当然是做不到的。除了学校以外，改革庆云县政府，和清除土匪，也是天主教堂最恨的两件事。

一九三二年八月，张学良派了一个委员来庆云调查，也未说明是调查什么。各机关对他很平淡，他心里有气，又和天主教堂一勾结，便作威作福的大闹起来了。县政府开县政会议，他迫着立刻停会。他到财务局去查账，把账簿拿走了。他向有公款的商号去提款，当然不给他，他就把商号的人交县政府押起来。看那

从潘家园翻出的历史

情形，非索一笔大贿赂，他不罢休。我给张学良发一个电报，大意是：你把东北送给日本人，日本人残酷地迫害东北同胞，你不知道同情，反而用日本人迫害东北同胞的手段，派委员来威胁我们。你派来的委员，是中国人吗？还是日本人？请你答复。张学良给我下了一个通缉令，说我图谋不轨。

一九三五年十一月，日本土肥原到华北来了，由于河北省主席商震答应了日本的条件，也就是反对中国的自治运动。我认为，日本进兵中国内地，已成了旦夕间的事。也只有民众起来抵抗，才能作持久战。我在庆云虽有点基础，可是武力在反对派手里，庆云天主教堂是个大敌……可是目前日本人组织华北军阀专政，尚未实现。这是不可再得的一个间隙，等到军阀专政实现之后，再就未有恢复自治的机会了。我决定冒险回庆云一趟。因为有张学良那个通缉令，怕路上发生意外，我请西村帮忙找两个日本人陪我去。

十一月末，我回到庆云县，在上午九点多钟，进了县政府。我问，县长你对于本县以前的自治感想如何？他说，好极了！我说，现在我还是想跟随以前的办法。并说，以前有很多不对的地方，我打算改正一下，再继续下去。

第二天，我和李县长，把调整人事的事情商量定了，并征求了各人的意见。

第三天早晨，李县长拿着商震的电报去找我，叫我赶快走！电文是：陈修夫通缉有案，此次更协同日本人回县作乱，仰速逮捕，解省法办，如有抗拒，格杀勿论。

我一个人绕道回了天津。

十二月初，日本把华北特殊化的计划实现了，商震不能履行对日本的条件辞了职。

日本拉出宋哲元来，组织冀察政委会。又把一些做自治运动的人拉到北京去，和宋哲元合作。李庭玉当了政委会委员，刘易白当了政委会政务处副处长，张申府当了政委会的组长。这全是常和西村、武宜亭联络，作自治运动的人。

冀察政委会正式成立后，杨彬甫从北京给我来电话要到天津见我，跟我谈谈。他是国民一军的人，给冯玉祥当过军需。他1925年和我见过几回面。我去了北京，杨一见我就说，冀察政委会成立了，你看最重要的问题是什么？我说，那就是对日作战，此外全是次要的问题。我问，你以为能得到蒋介石的大力援助吗？杨说，蒋绝不援助，那年长城之战，请蒋下一个追击命令，他都不肯下，他要肯下追击令，那时就把日本打回去啦。杨又问我，你的看法如何？我说，日本是个大敌，日本一下总动员令，他有多少军队？你二十九军有多少军队？日本的装备是什么？二十九军的装备是什么？请你比较一下。我认为，二十九军对日作战，就是得到蒋的援助也不会太多，也不能持久。要想持久，非把民众好好的组织起来对日本做游击战不可。杨临走的时候，我对他说，你和宋先生说了，如宋先生有话，你明日给我个信儿，如无话可谈，就不必再来，我明天回天津了。

我回天津以后，又以卖文章作生活。我看到大局败坏到那个样子，我个人好几次差一点被罪官害死，追究根源，全是国民党反动派政府和元凶蒋介石的罪恶。所以我的文章，专以攻击蒋匪和国民党为鹄的。这类文字，只有日本刊物才能登载，并且稿酬较厚。我从一九三六年一月起，连续写了十个月。

在我写文章卖的时期内（大概是六月），由报纸上看到日本军人的稳健派，陆军参谋总长迩日，海军军令部长伏见全下了台，上来的全是日本少壮军人派，这是日本大举侵略中国的先声。我就又给宋哲元写了一封信。大意是：若说抗日，是全国一致的，若问如何抗日？这个答案，就有若干分歧。其实，一研究日本侵略中国之目的，就可得出正确答案。日本侵略中国之目的，就是用中国人力，开启中国物资，归他享用。那么，抗日方案，应当

从潘家园翻出的历史

是把中国壮丁，组织起来，和他作战，不被他使用。把中国物资，如铁路、工厂、矿山，凡接近战线，不能保全的，或搬走，或拆卸，或破坏，叫他不得享用。大部军队，和他作游击战，少数的，死守交通据点，叫他每攻一个据点，就得出很高的代价。这是抗日的唯一原则。你现在叫各县组织民团，这是对的，可是你使用之目的，是预备补充二十九军，或扩大二十九军，这样就是错的。你应当把二十九军的精锐，分散到各民团里去，作为民团的骨干，并极力扩大民团的组织，这才能作持久战。这封信，我托和我住在一起以卖文为生的武纤生带到北京，请他父亲武宜亭交给宋哲元，那时武宜亭常和宋见面。宋哲元未有答复。

一九三六年十一月至一九三七年七月末，我一直在北京，我看到二十九军在城内沿城根挖沟，在马路堆沙袋，以为他们死守北京。不过四五天，忽然二十九军不见了，日本人不费一个子弹，进了北京，这是八月初的事。十一月末，我又到天津，一面是打听，听听庆云的消息，一面是找朋友借点钱，把我女人和两个女儿从威海接回北京来。

庆云那两个保卫队长胡振国、崔玉田，派人到天津和我说：他们绝不把以前我要调换他的事起怨恨，愿意我回去听我指导，那时日本人委沧县土匪刘佩臣当师长，带二三千人，进了庆云，我叫胡、崔两队长攻打刘佩臣，你有决心，我就立刻回去。他俩不敢打，说是力量相差太远，一打是白牺牲。我又叫人去劝他俩，打仗胜败，主要的是方法，不全在力量。我用袭击，把刘佩臣打死就行啦。可是他们仍不肯。

一九三八年二月，我托一个同乡借到一百多元钱，叫人到威海把我女人和女儿接到北京。庆云的事也绝了望，胡、崔两队长，反而投降刘佩臣了。家里连我九口人，只有长子又新每月薪水二十五元。我走投无路，所以去上海找伪市长苏锡文去谋生活。在三月十七日，我到了上海。

苏锡文福建人，日本留学生，在上海做买卖，和武宜亭、西村，全是因为扶乩成了朋友。苏锡文在天津时，我和他经常见面。一九三七年十月，有一个日本人叫本繁的到北京找我，说苏锡文叫他来接我去上海，并送一张天津日租界通行证，天津已预备下飞机。我满不在意地拒绝了，未去。也未问苏在上海做什么。十一月苏派他差使刘万森来天津接他太太，邀我同他太太一道去，这时才知道他当上了上海伪市长。刘万森传达苏锡文的话：上海正组织财政局和交通局，叫我挑一个局长，如果当下不能去，也让我选定一个局长，他给我留着。我说，暂时不能去，去了我也不当局长，最大当科长。刘说，科长一月三百多元，局长每月一千元，为什么当科长？苏太太也说，那是为什么呢？还是当局长吧，也多帮助苏先生点忙。我说，我未有准日子过去，局长常悬着，也不是事儿。每月三百多元，也够一家吃饭啦，请你向苏先生说，我不当局长。

我到上海和伪市长苏锡文见了面。苏说，这里社会局长未有人，我兼着，还有市府第三科未组织，你担任什么？我说，我担任第三科科长吧。第三科是管拨款审核的。到六月底，我写了辞呈，当面交给苏锡文，我就不干了。

我住得离伪市府很近，苏锡文到我那里问我，从前你不当局长当科长，是不是因为局里有日本顾问，科里未有，好办些？我说，这是原因之一，另外还有一个原因，我说出来，你可别生气啊，日本才占领北京，几个熟人说闲话，有人说，目前我们是亡国啦，怎么办？抗日吧，没有枪，有枪也不会放，找事做吧，就成了汉奸，不做事就要饿死。大人还好说，小孩子饿得直哭叫，问大人要吃的，你想想怎么办?! 张执中你见过吗？苏说，见过。张执中说，我的主张，是要吃饭，不要发财，小事做，大事不做。我很同意张执中的主张。所以，我不当局长当科长。

苏还是不让我走，实在我也没处走。苏叫我给他做私人秘书，处理他私人的信件。苏的日文好，中文不好，从当了伪市长后，中文信件越来越多，十之八九，是敷衍应酬的。

日本把上海规定为它的海军基地。这样，上海市长就应当由海军方面来推荐。苏锡文是日本陆军方面来的，他和影佐景昭（把汪精卫由越南河内接到上海并指挥汪组织伪国民政府的，就是他）是朋友，所以陆军方面支持苏，叫他把握市政府的实权，由海军方面推荐一个空头市长，苏把伪市政府改组完了之后，才叫海军荐来的伪市长就职，苏降为秘书长，仍称督办。这就是苏锡文的伪市政府之上，又加上一个伪市长。

苏锡文能力薄弱，公文尤其外行，从前他的伪市政府是独立的，不受南京伪维新政府管辖，这次改组以后，需经伪维新政府任命，苏的头上，不但添上一个伪市长，又添上一个伪维新政府。

他再三再四地要我去当一个局长，我又提起张执中的话来和苏讲，苏说：你不是要吃饭吗，你家九口人，当科长够吃饭的吗？从前科长三百四十元薪俸给你，现在是二百八十元，现在物价比你来的时候涨了百分之五六十，以后仍然涨，从前局长月给一千元薪俸，现在给七百元，按购买力说，比以前科长多不了多少，物价再一涨，就不如以前科长了。你当科长，不能随便离开，当局长就随便多了，可以常到我屋来，替我看看公事。你为吃饭，也为帮我，全应当当个局长。现在三个局长人选未决定，即财政局、教育局、卫生局，你挑一个吧。

我想，住了四个多月的闲，苏只送我两次钱，每次二百元，实在无法生活，也只好答应他的邀请。我说好，我当教育局长吧。伪市政府搬了家，我于十一月十六日就辞了职。

我当伪教育局长一年又半个月，各方面全未发生大的冲突，可是小争执，常常发生。伪市长傅宗耀是个市侩，只知道刮钱，他设一个经理科，各局不论买什么，全得开单呈请，一呈请，他就交经理科给买情，以前是由伪市政府出钱，他虚报多少，我们不管，以后各局规定了办公费，这样，办公费就不够用，不叫他买，就扣办公费不发。这事不大，可太别扭。

那时上海市，除了租界不归伪市府管辖以外，设了浦东、南市、沪西、闸北四个区，再加上六个县，这十个行政单位，每个单位有一个日本班长和几个班员，这些班长，在那区里等于土皇帝，什么事都管。有时候，他们成立几处小学，成立好了，他们就来教育局要经费，这类事件很多，我的办法是和他们说，我预算里边未有这笔钱，你上市政府教他追加预算。追加的款分两项，一是临时费，把你经手的用项结算；二是经常费，是以后每月经费。我是把以前的结算，以后另办。对他们干涉学校，我是一概不准，他们要强加干涉，我就把那个学校停办。发生争执多次，我坚持不让，以后他们也不干涉了。教育局换了五次顾问，终始改变不了我的办法，我知道他们心里是很生气的，可是表面上装出很和气的样子。

伪市长和日本顾问，全和我是敌对的，我还是早一点离开好。我说苏锡文，你的公事熟悉了，我决定辞职。苏说，你再等两个月，咱俩一同辞职，我知道他是假话，我未再答言。

我的辞呈还未递，傅宗耀突然给我下了一个停职的命令，一个字的理由也未有。我拿着这个命令找他去了，我说，你这个命令是非法的，市长对局长只有监督权，未有任免权，未有停职权，也未有派人代理权，这是伪维新政府明文规定的，你想想吧。傅宗耀很生气，可未答言。这是一九三九年十一月二十七日。

果然，伪维新政府给伪市政府来一电报，不承认他这个命令。同时给我来一电报，不教我离职。我第二天，把一切交代办完，给苏锡文写一纸条，说：我是你叫来的，我的交代已办好，托你保管，傅宗耀和伪维新政府的纠纷，他们自己闹去，我不参加，我走了。从此，结束了我那伪教育局长一年又十二天的生活。

一九四〇年一月，我搬到八仙桥青年会去住，那里有几个河

从
潘家园
翻出的历史

北人，他们是有钱的，常到市面上看行市，随便做点小生意。我也跟他们学做了许多次多少总赚点。可是不能靠它维持生活。我打算组织个固定的买卖，好几次，全未组成，到十一月又回到了北京。

一九四一年二月，到天津和朋友一起做墨水生意。

一九四二年三月至一九四五年九月，我的生活，完全由我大女儿惠新负担。她在农学院上大学时候，同时在外教书，除自用外，匀一部分给我。

日本投降不久，北京又成了国民党的天下，他们痛恨我，我是知道的，因为我攻击国民党、攻击蒋介石的文章太多，也太尖刻。以后我常在家等着被捕。

一九四六年三月二十八日，我有些破木器家具托人代买，回来很晚了，看见一个人从我家大门出来，穿着军衣，站在胡同中间，我问他，你是来逮捕我的吗？他问，你贵姓？我说，我是陈修夫。他说，我是稽查处的，请你去说几句话。我问，你有逮捕状吗？他拿出来给我看，问，对不对？我说，对。我吃完饭，歇一会儿，和他到了稽查处。有一个人给我一支铅笔、一张纸条，说你自己写吧，在日本占领期间做过什么事，别的不用写。过了三四天，又把我从看守所送到高检处。检察官问我，伪市政府第三科是管什么的？我答，是管审核报销的。又问，你当科长多少日子？我答，三个月。又问，你当教育局长多少日子？我答，一年多些。我问，有人告我吗？他说，有。我问，告我的是谁？他说，不知道。我说，也不知道告发人的名姓，也未见证据，就可以逮捕人吗？他说，告你在七七事变以前，策动济南事变。

刘月亭来到北京，给我出了一张证明，说我当教育局长他叫我去的，为了掩护他的谍报工作。他当时在上海做谍报和策反工作，我帮过他的忙。

大概是八月初，法警到看守所提案，叫我把东西全带着，放

89

了我。

一九四六年九月到一九四八年七月，我是常住在天津锦春湘绣庄。

一九五四年一月十九日下午一时，市法院给我送来一张刑事传票，叫二时四十时分到庭。我到庭之后，法官叫我交代历史。我问：是详细交代，还是简略着交代？法官说：详细点好。我说：如果很详细地说，今天说不完。法官问：你怎么有这么多的事情呀？我说：我从十几岁出门，东西南北地跑了五十多年，我未做过个长久事情，所参加的事件，有的包含着许多情节，如果详细说，自然需要很长的时间。法官说：不用那么详细，你就从不念书了之后说起，今年做什么，明年做什么，后年又做什么，说到现在，就行。我说到辞了伪教育局长。法官问，以后你做什么？我说：零碎做点小买卖。法官问，你为什么不当局长，去做买卖呢？我想，一说详细经过，又太啰嗦啦。我就说：我当局长是为掩护一个朋友做谍报工作，后来用不着我掩护啦，我就不干啦。法官又问：你掩护的这个朋友是不是国民党的军官？我说：不是，他是宋哲元的部下。宋哲元向来是反对国民党的。

我的思想转变

我自幼穷困多病，对于社会政治，未有一点儿感觉，稍大一点，就是想找饭吃。到了沈阳，又到通化，看到俄国人，那样跋扈，占据东三省，不但不退，反把东北的重要城市，全改了俄文名字，那时俄国人已把东三省看成是他的领土。我心里想，非把国家富强起来，否则，这个国家就要灭亡。但是，怎样才能把国家富强起来呢？一点儿也不知道。到了我办《东方醒狮》日报的时候，那时日本侵略中国，比俄国人还厉害，革命党人的奋起，大半原因，也在于此（日本宣布日韩合并，大部留日学生回国奔走革命）。这时我也和一般革命党的观点一样，要想建立一个好的政府，非把满清推倒不可，所以把全力用在攻击满清政府这一点上。但是怎样建立起一个好政府呢？一点也未研究。许多革命朋友，谈话的时候也不少，一次未谈到如何组织政府。大家认为孙中山领导革命、组织政府是他的事，我们用不着问。

孙中山当了临时总统，南北停战谦和的时候，我正在烟台，过旧历年的那一天，好多朋友叫我请他们吃年饭，我在朋友们全体入席之时，才满上酒，还未喝，由都督府送来消息说，孙中山让给袁世凯做临时大总统。在座的全很愕然。我举起酒杯说：同志们，干这一杯，我赞成袁世凯做大总统。舞凤兵舰舰长吴栩如突然到我跟前，抓住我的手问，你为什么赞成袁世凯做大总统？我说：袁世凯是杀革命党的刽子手，他当了大总统，一定大杀革命党。把革命党杀急了，革命党一定起来铲除袁世凯。大家这才全举起酒杯来，说，我们为准备铲除袁世凯而干杯！我这时才知道革命的时候，不把重点放在组织政府上，只顾推倒满清，这是一个绝大错误。

如何产生好政府？成了我思想上的课题。中华民国已成立，是采用代议政体，而代议政体之运用，必须有健全之政党。考西洋各国政党政治的形成，是由于工商业发达资产阶级达成社会中坚之时代。中国未有够社会中坚的资产阶级，所以代议政体，不能发生好的作用。那么，等到资产阶级发达到相当的程度，再采用政党政治吗？当然不能。并且政党政治，除了英国以外，运用好的很少。有的流弊很大。我对如何产生好政府，始终找不出答案。

经过好几年胡思乱想之后，我认定中国地大人众，交通不便，人民知识程度、生活程度全很低，政治的要求，有两个重心：中央要有开明而强有力的政府，地方以县为单位，要建立精密的自治制度。因此我对于如何产生好政府，找出了自己的答案。就是各县自治达到相当程度的时候，都市的自治，也能被县的自治推动起来，由此经各自治单位，推选代表，组织县、省、市、中央各级议会，由各级议会产生各级政府。中央政府由中央议会产生，省市议会选举省长、市长二人或三人，送中央政府圈定。县议会选举县长二人或三人，送请省政府圈定。这是我的腹案。这样的议会是全民的，不是资产阶级一部分人私有的。大概是一九一八年，我才有了这个认定。

一九一九年，我在天津的时候，刘艺舟在北京办了一个《同舟日报》，叫我给他供稿，我答应给他作"自治百评"，他报上每天有一段自治小评，可是他这报，不到一百天就关门了。

一九二一年，吴佩孚改编胡景翼军队的时候，胡要求编师，我给胡和吴各去一封信，请他们把重点放在提倡地方自治上，不要走扩军的路，扩军不是一方面的，你扩军，他也扩军，各方面全来扩军，固然这是陕西老百姓的苦难，于你们个人本身也是不利。两方面全不听我这话，他们的结局也全应了我的话。我以后老是抱着这个主张，有机会我就提出来。等到我在庆云县三次失败之后，才认识到天主教只是社会上一部分恶势力，我就抵抗不了，把地方自治作为全部政治基础的想法，未免太短见了。

到了我去上海，参加伪组织的时候，我决心不再写文章，不再谈政治，以前胡思乱想的那些政治意念，全部放弃，又回到我幼年时代，到想找饭吃的路上去，只求能过最低的生活，把我家八九口人饿不死就行。日本投降以后，国民党匪帮回来了，他的政治军事教育实业、经济财政各方面，全比他们未去重庆之前坏得更大更多了，我一句攻击他们的话也未说过，我未有再攻击他们的资格；再就是因为一切的一切，全坏到那种程度，用语言文字去攻击他，有何用处。我从此变成了颓废的人。

解放以后，到现在，我仍然是颓废，可是和以前的颓废根本不同。从前是极端悲观的颓废，现在是极端乐观的颓废。解放之

陈修夫自传

初，我相信共产党对于改造社会和各种建设，定有绝大的成就。可是它的规模伟大、深刻、精细，电流般的速度，是我万万梦想不到的。我对国家的前途一天比一天乐观；对于我个人，认为是不应再存在，国家建设处处用人，我的体力知识，一概无所贡献，反而天天消耗国家的物资，所以我的脑子里边常常浮现出死的幻景。为什么还苟延残喘，不下最后决心呢？因为有两点犹豫：一是怕我决心之后，两个女儿受刺激太重，影响她们的工作，并且我的生活费，虽每月不过十万，但对于我的女人调节饮食，置办药品，均可适当做去，若请一个人帮忙，这些事不易做好，且用费需三十万以上，又给我女儿经济上加上沉重负担。我女人的寿命，大约不过二年，我女人寿终之后，那时我的精神和环境如有可能，我还可以试试改正汉字的工作。不过前二项是顾虑，后一项是妄想，能把这一点点顾虑和妄想打破，才能得到思想的解放。

一九五四年七月二十四日

从潘家园翻出的历史

张丰胄忆西安事变及抗战日记

张丰胄（1907年6月~2005年11月），1929年毕业于复旦大学，毕业后弃笔从戎，投奔冯玉祥部，不久因参与阎冯联合倒蒋被押三个月。冯曾以第二集团军总司令名义任命他为豫陕甘三省政治考察员。后曾任陆军军医学校政治部少将主任，抗战时期曾任张治中任部长、周恩来任副部长的国民党中央军事委员会政治部少将研究员。1948年任邵力子秘书。1949年，他亲历了国共和谈。1950年，被调入中南海，任政务院秘书厅秘书，在周恩来总理直接领导下工作。1973年被任命为国务院参事。曾任民革中央委员、对台工作委员会副主任等职。

张丰胄回忆西安事变

西安事变之日期：民国二十五年十二月十二日晨，张学良、杨虎城二人将蒋委员长介石困留西安，号称兵谏。要挟接受八大主张以"容共抗日"作号召。后见各方舆论、非议、不平，乃于中央军围困之下，于二十五日即由张学良亲送蒋公乘机到洛阳回京。全国欢慰，事变告一段落。但于二月二日张部少壮过激分子孙铭九等要挟东北军将领王以哲、于学忠等收回撤退命令，下令反击中央军。以不从乃枪杀王以哲等而有第二次西安事变。为促进和平解决，西安行营主任顾祝同率中央军于二月十一日进驻西安，乃告一段落。

西安事变，张、杨及红军联合之因果：张学良部自到西北剿匪，早有剿而不剿之说。且据张部之意，倘若与匪去决死西北，莫若开去绥远抗伪抗日或即有收复收地回家之日。在中央之意，张部即负剿匪重责并"安内攘外"不变之宗旨。当然不许下级干部另有野心。乃有此次之事变。杨部以久思收回本省政权此其时机，乃与张合。而共党红军，正好补充休息且可另成一单位而有所要求。故三个单位而联合均有其作用和目的在焉。

西安事变之善后：张学良氏先判罪十年，夺公权五年。以蒋公及中央之宽大，乃先后特赦，复权。西安绥署主任杨虎城氏及甘省主席于学忠氏均撤职留任西北军事交行营主任顾祝同办理善后。邵主任力子辞职，改杨部孙蔚如氏继任厅长，除民建二厅仍为彭昭贤及雷宝华二氏外，教易周伯敏，财为续式、甫氏，行政院并令所有"双一二事变"所更动之县长一列复任，以全中央之威信。

余在富平蒙难之经过：当西安"双一二事变"发生之日，余正与中央视察壮丁训练委员吴忠杰氏等由高陵到富平，余已命集受训壮丁数千人，举行大检阅。想不到西安有此意外之事变也。翌日环境至劣乃过日即请吴委员视察等改装回南，至十五日后先杨部后张部纷纷过富赴渭南蒲城，前线布防大荔。冯钦哉师亦于是时反，正中央因连日过军乃中央空军大施轰炸。余为一地长官，不能不应付城外之过军。几次危险乃一面下令民众准备防空，一面令集受训壮丁入城坚守城防。不令杨张及红军部攻入城以保境安民作宗旨，以地方实力充足而上下者迫接县篆。余为免吃眼前不测乃不接受全县人之希望而交卸安知，即继以看管失去自由。再隔几天乃向西安包汽车一辆，于一月七日先将家眷直放潼关，乘火车回南。而余以多日苦劳心急，喉疾大发，饮食言语不能，倘非地方人士荐医送药，开刀放血，恐已不在人世。也云彭德怀、贺龙，到县数次要开全县民众大会要将余解决性命。幸

从
潘家园
翻出的历史

96

张丰冑抗战日记

地方感情好，一致爱戴，得免于危险。同时共产党自去年八月亦改变了政策，否则余何能得生哉？亦云险矣，惟余留富平，一则为守土有责，二则因拟暗中领导待前线开战或即可作出惊天动地之大业，三则地方坚留主持，否则当然出险，可早等至旧历十二月二十七日晚，由无线电收音机得知悉，行营主任顾主任祝同，已率队进驻西安。同时，民、财、建、教四厅长均复任。据说乃新任惟恐余之即将复职，深示悔悟，一再道歉，要求余即回任原职帮忙等。同时，地方公推余代表全县到省谒顾报告，请求一切。乃于小除夕蒙地方欢送出城。因城外均满驻退撤之东北军，故偕朝汉、汉基三人化装，当晚到三原，在杂色撤退大军中过了一宿。翌晨，安抵西安，为免意外枝节计，因仍化装，个人入城，住莲舫兄家过大除夕，至蒙优待。元旦晨拜谒行营顾主任、赵参谋长次骅、陈继承氏等，报告请求一切，待事毕后仅访知友可与兄等数人去各机关。即于二日晚乘才通之陇海夜车离陕返京，适在三中全会之前夜，车上巧晤陕西省党魁宋志先兄夫妇、姚锡三兄及林县长翰等，畅叙一切。

抗战胜利年　七月——胜利的前奏

张丰胄抗战日记节选

7 月 14 日　星期六　晴　74 度

罗马电：十四日义大利亦对日宣战。

7 月 18 日　星期三　半天晴雨　70 度

阅报：美国杜罗门（杜鲁门）总统、英首相丘吉尔与苏联史丹林（斯大林）委员长，三巨头会议定十六日在德国柏林近郊之波茨坦举行。

又关于本国行政院宋院长一行以史丹林之参加三巨头会议因

而中苏谈判告一段落先行返国不日后再继续举行。

又国民参政会第十一次大会讨论召开国民代表大会，已分两种意见：一种是主不论如何本年十一月十二日决定召开全国会议，以促国际舆论及政府威信；一种是主缓期召开再求各党派之合作。

7月19日 星期四 晴 76度

盟军高级将领过境。今日盟军高级将领过安去筑一行五十人。为首诸将领有：韦特曼亚中将、第九军军长攻下柏林者沈森、曼克鲁、戴维逊等。特应邀作陪在国际餐厅进餐后合影告别。

江西我军已克服赣县。

7月20日 星期五 晴 78度

国民参政会议今日闭幕。

7月21日 星期五 晴 76度

友人可靠告之：军人待遇即可于七月起增加，少尉每月为三万、中将十万元，每高一级加一万元，故若余少将为九万元。之数尚待证实。

7月22日 星期日 晴 80度

今日星期为假期中第一个全天休息者，上午在家批阅书报。

报载国民参政会已于二十日闭会，关于召开国民大会事，未作硬性决定，仍交政府考虑予以裁决。

又关于国都通过建议设北平。

又宋院长子文出席国参会报告：

（1）判断敌寇于年内至迟明春可望崩溃；

（2）经济危机可安然度过；

（3）政治上表示不仅将继续调整机构且亦将彻底调整人事。

7月25日　星期三　晴　78度

三巨头会议

今日报载欧洲三巨头会议：

（1）德国赔款二百亿美元。苏联得百分之五十；英美各百分之二十；其他国家得百分之十。

（2）划分德国为四区。美管理西南区，英管西北区，苏管东区，法管西区。

（3）英首相丘吉尔、艾登，因二十六日总选揭晓将于今日飞返英伦，如丘竞选失败则由阿特里代。

故三巨头会议又将因此而稍加停顿。

7月27日　星期五　晴　80度

英总选揭晓，工党胜利。工党得票一千一百九十四万一千五百零一人；保守党为九百零五万六千六百七十二人；自由党二百二十二万一千一百四十五人。

报载英国总选揭晓，保守党丘吉尔失败，工党阿特里得胜。故英首相当由阿特里继任。而出席三巨头会议亦当由阿特里任首席代表矣。

7月28日　星期六　晴　80度

昨晚汤司令官恩伯部克复桂林。

中美英三国领袖公告日本，促其投降。中英美三国领袖蒋主席、丘首相、杜总统，正式公告日本"愿无条件投降""抑愿全部毁灭"愿自择一途无犹豫余地！要降便降更无所谓条件！故敌今内阁正召开紧急会议中，看来大局之分晓即在日前矣。

7月29日　星期日　晴　80度

日本表示仍拟疯狂到底。

日本铃木首相仍冥顽不灵，拒绝盟方所提最后通牒，自取毁灭，倭民其何以堪！

　　7月30日　星期一　晴　78度
　　查我国七七开始抗战时之实力：（1）海军只有六艘巡洋舰，五十舰炮舰；（2）空军只有二百五十架战斗机（均为旧式），少数受过训练之飞行员；（3）陆军虽有二百万缺乏受过新式训练之军官更无重武器及机械化之装备。

　　8月6日　星期一　阴　64度
　　美国新式武器"原子炸弹"于今日第一枚炸毁日本广岛，全城几乎全毁，人死超过十万！

　　8月9日　星期四　阴　68度
　　原子炸弹第二枚今日惨炸日本长崎。
　　宋院长子文王外长世杰一行十四人又作第二次飞苏。再，西北陕、甘、豫荒旱及蝗灾，而昆明又告水灾，即安顺亦似雨水太多矣。看到陷区物价之高诚令人咋舌：一信邮费1600元，黄金每2伪币2500万元，一碗白饭1700元、第二碗1600元。上海至南京火车票已涨100万元……但求盟军与我军早日在我海岸登陆才是。

　　8月10日　星期五　晴　72度
　　苏联于昨午夜正式向日本宣战，各地发动攻势！
　　日寇已有向中英美苏表示屈服，接受无条件投降！
　　本日安顺各界已欣喜若狂，爆竹不绝。打了八年余无时无刻不盼胜利之早临也！

　　8月13日　星期一　晴　76度
　　今日开学（张丰胄时任中央陆军军医学校政治部少将主任）
　　今日沪战8·13纪念
　　八时到校参加国父纪念周及本学期开学典礼。教育长主席余致辞对日本投降有所申说。

8月14日　星期二　晴　76度

中苏盟约本日由行政院长宋子文在苏京莫斯科签字。

国府命令:

(1) 罗卓英为广东省政府主席（原任青年军编练总监）;

(2) 钱大钧为上海特别市市长;

(3) 熊斌为北平特别市市长;

(4) 张延鄂为天津特别市市长。

足见收复失地之准备开始矣。

最近得中央社电信:日寇天皇已决定接受同盟军之提出投降条件。可见日寇之屈服已无问题矣。

8月15日　星期三　晴　76度

日寇投降复文已送逢瑞士,昨可转送华府。复文内容将由四强同时公布投降。签字仪式将于美舰举行。

又新任命:

(1) 马元放为南京市副市长;

(2) 吴绍澍为上海市副市长;

(3) 张伯瑾为北平市副市长;

(4) 杜建时为天津市副市长;

(5) 葛覃为青岛市副市长（青岛市长内定李先良）;

(6) 中央大学校长派吴有训。

今日发出大批信件达十八封,一批回复,一批为征求复原意见。有叶楚伧、吴稚晖、邵力子、贺君山、彭君颐诸公函。

8月16日　星期四　阴　76度

今日看报载:

罗家伦学长撰《抗战胜利之凯歌》

胜仗！胜仗！日本跪下来投降

祝捷的炮像雷般响

满街爆竹　烟火飞扬

漫山遍野是人浪

笑口高张　热泪如狂

向东望

看我们百万雄师　配合英勇的盟军　浩浩荡荡

扫残敌　如猛虎驱羊

踏破那小小扶桑

河山再造　日月重光

胜利的大旗　拥护着蒋委员长

我们一同去祭告国父　在紫金山旁

八年血战　千万忠魂

才打出这建国的康庄

这真不负我们全民抗战

不负我们血战沙场

凯歌内容确实不错。中宣部正以七万元征求乐谱中。

重要消息：

（1）日寇已完全接受投降；

（2）何总司令应钦已飞玉山。委员长电南京敌酋冈村宁次，一切维持现状，即派专人到玉山投降，并听何总司令之命令；

（3）命令第十八集团军朱德、贺龙停止一切，听候派遣。事实上恐不免武装解决也。

8月17日　星期五　雨　74度

南京　日酋冈村宁次已表示服从，蒋委员长命令六项，深望敌寇之即能接受。

8月18日　星期六　雨　74度

日阁铃木倒台，由天皇裕仁直接命皇族东久弥宫任首相。尚系日皇不经元老重臣，直接任阁之第一次！

8月19日　星期日　雨　74度

法戴高乐本日飞美

九时半出席临时校务会议。重点在商讨本校复原迁移问题。先由余报告地方各界，决定联合庆祝胜利大会，即日得电（中央）令第二日举行，九时在大府公园开扩大庆祝会，十二时放礼炮101响，同时各界放鞭炮，下午三时招待盟军，晚火炬游行。本校（陆军军医学校，张丰胄任陆军军医学校政治部少将主任）除参加外，再单独庆祝一天。

8月20日　星期一　雨　72度

十时回校办公，召集王代处长、刘总队长、小倪主任等会商庆祝胜利办法：一、参加安顺各界者：（1）通知后翌晨九时全体官生参加大府公园庆祝大会；（2）备鞭炮十万响；（3）招待盟军茶话会；（4）备火炬、灯彩大游行。二、（1）本校放假三天；（2）第二日十时集体照相；（3）中午大会餐于大操场；（4）大门礼彩挂旗、挂灯；（5）发动学员筹备灯彩大游行。

8月21日　星期二　阴　72度

指示本部出胜利特刊。

8月22日　星期三　阴　75度

日本投降代表今井少将抵芷江！

报载日本驻南京之敌酋冈村宁次所派之投降代表今井武夫少将一行四人，于二十一日上午十一时二十分由南京飞芷江机场降落，向我陆军总司令部肖参谋长接洽投降事宜，并由何总司令发出备忘录一件，派定人员接收：

（1）第一方面军卢汉接收越南、北缅；

（2）第二方面军张发奎接收广州、香港；

（3）第七战区长官余漠谋接收曲江、潮州、汕头；

（4）第九战区薛岳接收南昌、九江；

（5）第三战区顾祝同接收杭州、宁波、厦门；

（6）第三方面军汤恩伯接收上海、南京；

（7）第六战区孙蔚茹接收武汉、宜昌、沙市；

（8）第十战区李品仙接收徐州、安庆；

（9）第十一战区孙连仲接收天津、保定、北平、石家庄；

（10）李延年接收青岛、济南；

（11）第一战区胡宗南接收洛阳；

（12）第二战区阎锡山接收山西；

（13）第十二战区傅作义接收热河、察、绥；

（14）第五战区刘峙接收郑州、开封、襄樊；

（15）台湾另派人。

8月23日　星期四　阴雨　74度

盟军代表麦克阿瑟将军率部队，将于本月28日登陆日本土。日本投降文件将于本月31日在东京区签字。

东北满洲傀儡溥仪闻在沈阳已被苏军俘虏。

8月24日　星期五　阴雨　72度

由盘县用美S.O.S运来米一万，予以合理之分配。

8月25日　星期六　阴　74度

中苏盟约于本日经我国民政府及苏联政府批准有效期为三十年。

九时到校与陶科长办理本部同人在校方军米困难中设法领到军米二百斤予以分配，以资救济。

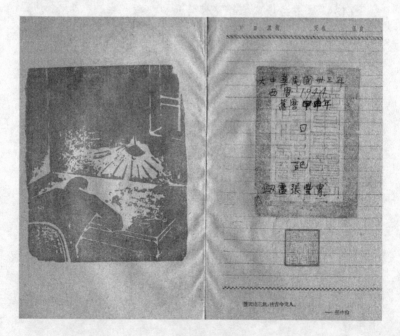

张丰胄抗战日记

8月27日　星期一　晴　76度

今日报载中苏盟约要点如下：

中苏盟约简要：（1）中苏共同对日作战至获胜利；（2）苏联声明：①道议物质助华；②对东三省尊重领土主权完整；③对新疆也无干涉之意。（3）承认外蒙独立；（4）共管长春铁路（中东及南满）；（5）大连为自由港；（6）共同使用旅顺；（7）东北行政由我自主；（8）入东三省之军队在日本投降后三星期后开始撤兵，最多三个月全撤。苏联并表示无干涉我内政之意。

8月29日　星期三　晴　74度

毛泽东飞渝。

盟军于昨日首批降落日本。

中共毛泽东于二十八日下午三时半偕周恩来、王若飞由延安飞抵渝。赫尔利大使、张部长治中同机飞渝。当晚即赴蒋主席之宴会。看来中共问题当可获得相当解决，不能不说为一件好消息。

报载盟军于昨日上午九时首批降落日本本土（在东京外二十英里之原木机场），后续部队即大批登陆。

8月30日　星期四　晴　78度

今日报载重要消息：（1）日本东京湾头已高挂白旗；（2）麦克阿瑟今飞日本，可望于九月二日在美主力舰"米苏里"号上接受日本投降签字；（3）蒋夫人二十九日由美返国；（4）元首接见毛泽东；（5）本年底日本将总选；（6）大汉奸陈公博在宁自杀。

8月31日　星期五　晴　78度

报载：（1）盟军三十日登陆横滨；（2）麦克阿瑟统帅专机抵横滨。

沦陷时期的北平风俗画

——董毅及其北平日记

2006 年 10 月份，我逛潘家园文化市场，发现了一沓很厚的手写日记本，经询问旧货商，得知该日记是伪北平时期一个普通的大学生所写的日记。看着整洁的日记和漂亮的蓝墨水钢笔字，我坐在卖主小屋前，不觉看了两个小时，站起来时手脚全麻木了。

日记写作者名叫董毅，生于 1918 年，现仍健在。但是不知何故，他的日记却流落出来了。后来，我察访到，作者本人解放后在北京建工学院当过教师，"文革"时遭到批判，拨乱反正之后平反，到北京市政公司工作，直到退休。

从日记中看出，作者出身民初仕宦家庭，父亲曾在北洋政府所辖天津任职，生有十多个子女。作者从小读私塾，诵四书五经，在北京志成中学毕业，十九岁得以入北平辅仁大学国语系。

我认真翻看了他的日记，感觉到这本日记无论是在文学性、史料性还是在社会民俗性方面都具有很高的价值。

从作者董毅的出身来看，他生于民国初年的一个封建仕宦家庭，家境殷实，但随着时代变化，军阀混战，社会紊乱，经济式微，民生凋敝，其家庭逐渐衰落破败，在由少年到青年时期，便历尝人间冷暖、世态炎凉之苦。1937 年日本发动全面侵华战争，1938 年 9 月，他考取了辅仁大学国文系，作为一名学生，他饱尝日寇侵华、社会动乱给中国人带来的苦难。这些在他的日记里都有反映。如 1940 年 2 月 21 日记载：

　　近来自阴历年以后，物价飞涨不已，白糖迄今已一元八分一斤，比肉还贵，肉有行无市，有钱买不着肉，豆腐四分一块，昨买三块豆腐、两把菠菜代价二毛，大米一百廿八元一石，次米三毛七八一斤，还没处买，面一元八一斤，其余无不奇，即不知以后如何生活也！言来不胜浩叹，见面时人人皆为过日子问题暗暗切齿发愁不已。下午小刘来小坐即去，下午买米一百廿三斤，代价四十四元七毛，合三毛六分一斤，从前亦只一毛余，三元一袋之白面，今涨至七倍，而闻昆明一袋面售四十元，真为前所未有之现象也。归来告黄家买米处，明日她们亦去买米，由斌出马！

1941 年 5 月 15 日记载：

　　回家来又与娘等谈及家务，不觉一想起来便愁烦之至，本来每月六七十元，在此时生活程度如此之高，只够苦过的，零七八碎的用项，一切米面房租等皆无着落，食衣住为三项大宗，皆无办法，而又无额外进项，每月非典当即卖物，以维家计，每月不足用，精神实极烦苦，而家无恒产，又值此时局又有何妙法?! 至佳之法为发二笔横财，买马票、买奖券皆无把握，碰命运之事！除非现在我便去谋事，但是只差一年就毕业，在这种恶劣的环境中，我的成绩同心绪大受影响，要好真难也，恨我不幸，遇此时艰！恨我年幼，负此重担！……

　　1938 年到 1944 年，这段时间正是日寇统治下的北平时期。北平老百姓在这段时期生活上的艰难困苦在日记中时有记载。

　　这段时期，中国正经历抗日战争爆发到抗战最惨烈的时代阵痛。透过作者的日常生活往来日记，可以清晰地感知当时抗战的时代氛围。

如 1939 年 3 月 12 日他在日记中写道：

> 常常想到许多亲戚朋友同学，认得的、耳闻的许多，许多都到南方去了，有的告诉我南方生活之奇事与困难，一路上之苦况，而我必心中立刻羡慕他们，钦佩他们的勇敢，而自惭自己不能去南方。

所谓南方就是西南，当时的抗日大后方，包括重庆和昆明。北平有志青年都一个个跑到南方去了，说明当时的老百姓抗日情绪的高涨。1940 年 11 月 30 日写道：

> 总观近来在"以文会友"栏中所见之文章，于"自叙"、"与友人书"二题目中看来，大多数皆系受此次事变（指卢沟桥事变）之影响，家中受打击，因之高中毕业不能升学，或因其他种种原因停学二三年后上学，但受战争而中止，因事变关系，家人、兄弟、好友相离散，南北相隔，不能相见。回思往事，不禁依恋、向往之至。可见此次事变中国物质上之损失以外，精神上的损失不可胜计，不知此次断送了、堕落了、成就了、落魄了多少中国有为的青年！思之惘然！

1943 年 10 月 10 日又写道：

> 今天又逢双十佳节，在此环境下又是什么心情！想想大好河山，如今如此破碎，不知何时方能收拾清楚，国土破碎，同胞受苦，不知何时方能恢复原来面目。这个可怜的古老的国家，这些可怜受罪的人们，不知什么时候才能享到普天同庆的快乐！

作为一名在校学生，作者的个人经历无非是在学校的学习、家庭生活和爱情经历，但是其与同学、家人发生的种种纠纷，与社会各层人士的往来及其爱情心路历程，无不反映了在日伪统治时期北平老百姓的日常生活、社会心理、风土人情等等。同时，字里行间也流露出沦陷区人民对日寇侵略兽行的愤懑仇恨和北平爱国青年日日高涨的抗日排倭情绪。

　　从他父亲病危去世，到大家庭解体，家道衰落，作者不得不承担料理一家的生活重压，因此，随着作者人生阅历和社会经历的增加，其对人对事在情感心理上都发生了微妙而深沉的变化，日记也越来越记叙详细，内容也日渐丰富，不但有日常生活记叙，还有对对方的心理揣摩和自我心理剖析，环境的状写与人物的行为活动和心理变化相映成趣。且看他是如何写自己炽热的初恋的心理感受及其与情人相互闹别扭、生烦恼的经过。

30 年代国人模仿西方礼节照

1940 年 7 月 2 日的日记写道：

　　我这支笔太笨，一点儿也写不出，我现在是多么热烈、疯狂、不顾一切的那么爱着斌，偶尔翻阅以前的日记都不足以表示出我内心热情的十分之一，她简直是成了我的第二生命，她的一举一动，我都留心，甚至极琐碎的地方。为她想的地方底周到，她随便说的一句话和她所喜好或缺少的事物，我都尽我的力去办到，有时连她自己都不知道、都不留心的事，我有时都会注意到，为了她甘心去奔跑去忙碌，甚至于不顾一切的忍受他人的闲讽或讥劝，以前向来所不甘受的也都受了，各种的委屈也全都忍受，简直甘心为她的奴隶！我是那么的爱着她，做个爱人的奴隶也不算什么！何况并不是那么简单的问题，我简直是写不出我现在心里是多么的爱着斌，至于为了她而受怎么样的委屈，那都是我自己甘心愿意，每月的饭钱如果一个人花，绰绰有余。而自己愿意和她一块出去玩吗？她又没有敲我，是我自己去找她，每月钱不够用，那是自己愿意。她虽有时使我不快、烦恼，但也有给我很快乐的时候。使我不痛快的时候，也不能怪她一人，大半是我自找，或为了我的时候居多。但无论如何我是爱她的，无论以后，我自己这一方面怎么样，那都是我自己的事，并没有告诉她知道的必要，这一切一切，说不清楚，也许就是她自己所谓的上辈子我二人的缘分，互相欠的债吧！她更时常幻想到下辈子，希望下辈子我二人能如愿以偿，猛看起来，在廿世纪受过新教育的青年不应该有这种迷信的思想，但她有这个幻想，便可以稍慰她今生的失望，也可以同时减少她的痛苦，也不错。但我始终不这么想，只是努力希望使她在今生来实现，因为这近乎疯狂般地恋爱着斌，想起她来连自己都忘了，所以自己时时做出些近乎呆笨的事来，事后自己想想也不觉哑然失笑，就像今天吧，为了昨夜大雨，挂念着斌今天怎么去学校上班，一早起来，就先安了一半的心跑出去到下斜街口上察看，干的地方已是不少，可以骑自行车上班了，再回来一看已是七点一刻多了，便骑车出去，在玻璃公司后身，全身浴着朝阳，一半欣赏清晨自然的伟丽，看见那残存的半截大烟筒，又被工人在继续拆除，暗暗为之叹息，就在那呆立约有廿分钟，左等右等斌也不来，心中以为斌走河沿了，一辆洋车远远

从
潘家园
翻出的历史

过去，又以为她坐洋车走了，到七点四十了，我便失望地走了，到邮局寄了信，又想起她也许去绒线胡同坐公共汽车，又跑到绒线胡同西口看也没有，顺路回家，买了几个油饼和麻花回来吃，心中十分纳闷不知斌是怎么去的，到家八点廿，吃了稀饭、五妹、小弟和弟妹在玩，我就闷闷地坐在椅子上看报，不一刻忽听一个极耳熟的声音，随着进来的却不是别人，就是心中惦念不已的斌！心里奇怪她为什么不去上班，带了一个小孩子来闲坐。她告诉我今天告假一日，不为什么，就是不愿去，好在没什么关系，偷一天懒，休息一下也好。和她谈了一会儿，拿出麻花来给她及那小孩子吃，快十一点多的时候，因为娘要听书，怕人说话吵，便到里屋去坐，她也进来，一会儿小孩子哭了，她便带小孩子回去，小孩子是她干弟弟，一会儿，她又把那个可爱的小弟弟抱来，今天才睡醒一会儿，不如昨天惹人爱惜，但胖胖的，两眼黑漆漆的，天真无邪地看着人，是十分的好玩，斌十分的疼他，这胖干小弟弟，咬呀亲呀的吻个不了，十分地表露出女子的天性与母爱的潜发性来，我看了十分的好笑，和她在一起站着，逗着她怀里抱着的胖 Baby，便幻想出哪一天斌抱一个她的小宝贝我来逗他玩玩呢！看她疼小孩子的样子，简直无以复加，我向她说了一句："如果以后你有了小孩，一定是只知疼小孩子，不顾得爱大人了。"她立刻毫不迟疑地说："那不干你事！"我听了心里一阵凉凉呆呆的，一时说不出话来，我总是那般热烈地希望着，她始终绝望地当头给我一瓢冷水。我真不敢想到会有一天我爱的人完全在别人的怀里！但恶魔似的幻影在我眼前闪出，向我狞笑，一把尖刀刺入我心中一般令我痛苦，不由得使我退后一步，她这一句话，简直把我和她隔离得十万八千里还远，虽然现在是站在相距还不到七八尺远的地方，我近来觉我自己变得有些神经质，她却常在不介意中说出一两句令我十分痛心、灰心、悲哀的话，她自己却毫不晓得，而我更是习惯的努力抑制住我的反应，极力把他人完全埋在心中的一角，现在或许已经积下了不老少，就像今天偶尔的一句话，在不到一分钟内，我内心所起的变化都是那么大呢！站在院中默默无言，静立了一刻，她遂招呼她小弟一同回去吃午饭了，我一直目送她走出大门，才怅怅进屋看报。饭后卧在床上看书，不觉睡着，连日真是疏懒之极，昨日下午七点多就睡，今日午饭后又睡，到三点多才醒。四弟这人真马马虎虎的，明天考燕大附中了，还是那么满不在意，毫不着急呢！四点半了，终于过去看斌，本来因为她家来了不少人，想不去，上午她叫我过去我还在犹豫。但是情感终于战胜了理智，到了她家，她正在洗足，露着大腿十分肉感。和她在书桌上逗小弟玩了半天，不一刻她干妈等全走了，我就在外屋和她谈着，看了一刻报，说了些报上的新闻，书上的故事，她所需的安慰，我亦使她快乐，自己亦觉我二人未免有时过于大胆了，我有时想使别种方法，令她高兴，不愿令她失了健美。约六点我回来，饭后，在院子里休息一刻，内心的燃烧，使我又走过去看她，她正好推车要出去，便问我可要一同出去，我于是回来取车，再去时，她又把小弟叫出来了，路上她告诉我如果我不去找她，则她会来找我的，还是我太心急了一些。因为有我和她一同去，她又叫出小弟，我心里有点不高兴，我下意识地感到是有意的，既是怕和我单独晚上出去，根本就不必招呼我就完了，平常白日出去不怕，晚上出去遛大街一会儿，就会出什么错了!? 真是想不透，所以她每一提到这层，我终是不快的，也许基于我这一行的不快，而使今夜很不高兴地出去一趟。先修理好了手电灯，就到堂子胡同口上一家布店拍卖的，已是关门休息了，我随口说夏天晚上凉快，以后可以看晚场去，她说今天去，我说："那哪成，事前没有和你母说好，回去该挨说了。"这本是她前两天自己亲自和我说的，我不明白的是，她会和陌生的男子在深夜一起看电影、吃饭、跳舞，而和我在一块出去看晚场，像避毒蛇般的可怕，而她又是说那么爱着我，岂不是矛盾吗!?（也许是因为我请不起她去新月食堂，又没去过北京饭店，晚上回来没有汽车送她回家的缘故吧！不过这是我这么想而已，我爱的斌不会这么想的，就是爱慕虚荣，也不至于这样被享受所迷惑吧！）她又半似浅笑、半似鄙视地说："你不请罢了，说别的干吗？"哼！我没有请过她看过电影？一时不觉脱口答道："我怎么请得起呢？"说出了以后，她似有点变色，我也很后悔，她生气了，明明的叫了她小弟就往亚北走，也不再理我。我那时，为了自尊心当然也有点生气，虽是仍然爱着她，真想一直回家算了，但终于忍住随她们上楼，吃了两根冰棍，静默默的，她俩的脸色真比冰棍还冰冷呢，一路上也没话，不高兴最好少讲话，勉强陪着她走，又到菜市口她给五妹买了东西，绕土地庙回来，一路上心里又气又难过，真是何苦，早知如此不去好不!？哪里是遛大街，简直是遛了一肚子的气，回来，真是难得痛快！想起早晨和晚上自己的痴呆，不觉可笑自己，又可恨自己，太无聊了。今夜的举动，大半仍是神经过敏的缘故吧！或许是在热恋成熟的时候，互相爱得太过了，不免因"求全责备"而不时闹些小意见，可是使我心中十分的难受，却不是好玩的事，晚上自己折腾了半天，气吼吼地来回走到约十一点半才睡。

这段初恋烦恼和心理独白的文字像火燃一样，读来真是活蹦乱跳，如发生在昨天。作者写日记，总是忘不了白天、黑夜的心理独白，情感分析细腻深刻，尤其是对他身边经常交往的那些人物，总是从心理、性格等角度来传达自己的感受和认识，形象刻画就像小说作品一样，令人如置身其境，感同身受。

众所周知，反映日伪统治时期的北平生活的小说作品有老舍先生的《四世同堂》，但是老舍先生那时在重庆生活，并没有在北平。一次偶然机会，胡絜青给他讲述北平一家四代人的故事，老舍灵感迸发，于是创作《四世同堂》，祁家四代人的生活虽然贴近北平中下层百姓的生活现实，但人物的活动充满了文学的虚构，其真实性与《北平日记》相比较，不可比拟。读《四世同堂》，我们是在读文学作品，心中充满着审美的愉悦；而读《北平日记》，我们是在读历史，心中感知的是历史的风云。特别是日伪统

115

治时期的北平的社会市民生活方面的资料，能完全保存下来的不多，而关于中、上层社会生活情况的书写尤为缺乏，这给当代历史学者研究北平沦陷时期的社会生活情况带来了难题。《北平日记》的作者出身于民国初年仕宦家庭，从社会分层来看，属于中、上层社会，他记载的既是作者个人在日伪统治时期北平那段历史的写真，也是北平中、上层市民日常生活最生动最翔实的材料，可为历史学家、社会学家、民俗学家研究北平提供真切的第一手资料，具有很高的历史价值。

董毅手稿

不独如此，而且作者在记述其日常生活活动时，不是像我们见到的许多名人日记，只是简单地把每日吃喝拉撒和与人交往的行为罗列，而是描述事件的过程和作者对人对事的思想态度及其由此引起的细微心理活动，用笔生动，语言流畅，每篇日记就像一篇散文，有很强的可读性，具有很高的文学审美价值。

我想，如果该日记将来要是能公开出来，说不定就会产生巨大的社会轰动效应。因此，尽管旧货商漫天要价，但我毫不犹豫地将它买下了，希望将来能整理出来，让它问世。

从潘家园翻出的历史

"一二·九"运动的活跃分子魏东明

　　2006 年 9 月，我在北京文化市场偶得魏东明于 20 世纪 60 年代写的一些自传材料，其主要有：（一）入党前"我"在天津和北平的活动与交游；（二）1938 年入党及脱党经过；（三）关于"泡沫"社及其被查封的经过；（四）关于首都平津学生救亡团情况的回忆和分析；（五）关于"泡沫"社、"浪花"社和首都平津学生救亡团情况的材料；（六）回忆 1939 年和 1940 年上半年去重庆的活动；（七）"我"和蒋南翔的关系；（八）当前的文艺工作；（九）"我"的自传。

　　魏东明（1915~1982），祖籍绍兴，"一二·九"运动才俊，曾任湖南大学副校长、湖南省文联副主席等职，一生颇不平凡。我曾经看到资料，说在"文革"时，他是湖南教育界第一个被揪斗者。他曾经在两万人的大会上被连续批斗七小时。但是，他胸襟洒脱，视灾祸如云淡风轻。他曾经对人说："文化大革命嘛，我抱的宗旨是两句话：一句是'放开肚皮受气'，一句是'顶天立地做人'。"魏东明是真名士真潇洒。

　　我整理《魏东明自传》主要是受韦君宜先生的启发。前些日子读到韦君宜先生二十多年前的文章《忆魏东明》（被收入 2005 年出版的《北京文学》55 年典藏"散文随笔卷"）。韦先生与魏东明曾经是清华大学的同窗，又同是"一二·九"运动的活跃分子。这篇文章写得也很忧伤："他这个人身后连提都没人提起，就此湮灭了。这是我所不忍心也不安心的。"

在整理《魏东明自传》时，我发现当年众多的中青年精英，如政界姚依林、黄华、谷牧、李昌、蒋南翔和文艺界的吴伯箫、杨朔等与魏东明都有密切交往或接触，在这些文字中也多次出现有韦君宜、杨述夫妇的名字。韦君宜写《忆魏东明》应该是为魏东明立传，但她说自己"并不是适当的执笔人"。不过，从魏东明留下的材料看，她应该是位"适当的执笔人"。因为他们都是同时代精英，又曾是同窗好友。与韦先生相比，我等后辈才不该是"适当的执笔人"。韦先生已经去了，无法再写魏东明，只有后辈们努力了。我面对自己收藏的魏东明一页页写在稿纸上的自传体回忆和大量的检讨文字，于是就有了给这位"一二·九"活跃分子、"一二·九"时代文学青年代表立个小传的想法了。

我虽然将这些材料作了一番剪裁，但是，在行文用语上几乎未加修饰，我想将魏先生20世纪60年代写下的这些东西尽可能原汁原味地呈现给读者：一是为历史和研究者提供这位英才最真实直接的"剪影"，二是也为九泉之下的韦君宜先生的"不安心"稍作平复。

"一二·九"运动中北平学生向市民宣传抗日救国

清华大学学生纠察队

魏东明自传

　　毛主席指示：老实人，敢讲真话的人，归根到底于人民事业有利，于自己也不吃亏。爱讲假话的人，一害人民，二害自己，总是吃亏。

　　我的祖籍浙江绍兴，于1915年生于天津小王庄，1920年搬家出关，1921年至1927年在铁岭，靠母亲佣工读小学，1927年迁居沈阳，靠哥哥做工读初中及高中。1928年以第一名考入省立第一初中，1930年以同等学历跳考高中，又以第一名考入省立第三高中理科。这时已有反日思想，在《三中校刊》上发表揭露日寇欺侮国人的散文。1931年考入天津北洋工学院预科。

　　进关不久，发生"九·一八"事变，曾随全校去南京请愿。

　　我当时读死书，死读书，买了一本英国出版的讲字义解析的小字典，一个个读单字。但不久就发生了"九·一八"事变。北洋工学院院长蔡远泽，我未见过，教务长王季绪是忠厚学者，他绝食要求南京政府出兵抗日。全体同学绝食劝王复食，之后全校学生到南京请愿，住在"中央大学"体育馆地板上。国民政府教育部长CC头子陈立夫曾来看望学生，陈是北洋工学院毕业，学采矿的。在"中央党部"礼堂听蒋匪讲话时，台后有持枪卫士，给我印象不佳，蒋口齿不清，话很难懂。我们在南京住一星期即归。当时北洋学生会由国民党员操纵，学生会负责人李诵琛、张绍衡都是国民党员。后来北平学生南下到南京请愿示威，南京政府疯狂镇压，报载学生"失足落水"。

我又见报载，南京"国民政府"将迁都洛阳，逃避日寇侵袭。我曾写诗表示不满，"专车连夜入关中，洛阳应设望夷宫，望夷宫殿连夜修，直把杭州作汴州"。

当时我不知洛阳不在关中，而是在潼关以东。我拿奸臣赵高和昏君赵构比南京蒋匪。这时我开始关心时局，常看报纸，爱读《申

120

魏东明自传

报》副刊"自由谈"上何家干即鲁迅的短文（同情爱国学生，讽刺反动政府）。

《北洋周刊》杂志编辑张树椿是京东人，1933级的学生。我投稿认识了张。我写的新诗表达思想苦闷和感到自己是弱者，题为《我几次徘徊在古河渡头》，"我几次徘徊在古河渡头/跺了几次脚决心要随水漂流/我抬头做一次最后的祈祷/看见了新绿的柳条上乍啭歌喉的小鸟。那柳条系住了我欲去的心旌/那小鸟唤醒了我垂死的灵魂/我茫然回转了充满愁思的躯身/微嘘了一口气/这个不敢做弱者的人。……"

在1932年暑假，我到大沽造船厂我的二哥那里时，看到街头唱曲乞讨的小女孩时，也写了新诗在《北洋周刊》杂志上发表，题为《在一个海滨……》，开始一段是"在一个海滨小镇的一隅/曲巷的角落里挤着一群人/一个个耳朵耸着吸取/凄凉的痛苦的嘶哑的声音……"

1932年初因投稿校刊，认识并参加校内文艺读书团体"河滨社"，因社员多是毕业班的，不久即自动解散。

北洋预科是由高中一年级学生投考的。保定育德中学和保定二师有进步学生活动，"九·一八"事变后北平各中学抗日爱国运动空前高涨。因此，1932年暑假后从北平、保定来了一批倾向进步的同学。这学期学生会请我担任《北洋周刊》杂志编辑，我主编副刊，与投稿相识的黄诚（皖南事变中牺牲）等组织"荒火社"。这名字是我取的，意思是在荒地上的一堆火。读了些进步书籍，开始给天津《益世报》副刊（马彦祥主编）投稿，写了些文章如《论厕所文学》，《招待不周》，《炸弹章》等讽刺反动统治。例如《炸弹章》："投我以炸弹，报之以亲善……投我以炮火，报之以和约……"讽刺日本侵略。但也写过无聊及反动的东西，如写过一篇对鲁迅杂文吹毛求疵的文章，把鲁迅文章中说"肚子饿了要争饭吃"，作为"毛病"指为"光明的尾巴"。1933年下半年升入本科机械系，担任班长，与赵庭良（共产党员）同屋，因学潮罢课，我与黄诚等同被学校反动当局开除。

1934年暑假，前住北平，准备投考大学，我报考了清华大学和北京大学，同时给天津《益世报》、《大公报》，北平《华北日报》、《东北青年》等报刊投稿。

这年我同时考上了北京大学和清华大学，北京大学考了第一名，但我选择入清华大学，清华的同屋黄诚、吴承明、周嘉祺都倾向进步，我大部分时间读书写稿，参加进步活动不多。第二年与王永兴同屋，读了哲学、经济学书籍，思想有了进步，当时平津危急，曾想去南方农村工作。

积极参加"一二·九"运动。"一二·九"运动在清华的发动酝酿，我是完全拥护，积极参加的。我参加签名并找人签名，参加大会并反对破坏大会。通过联合各校进城游行时，我报名参加纠察队，并到各宿舍通知列队出发。"一二·九"游行未能进城后，我参加宣传队到附近农民家，及清河制呢厂去，我还自己办了《平斋壁报》宣传革命理论，发表关于抗日救亡统一战线的意见，也拉了别人写稿。"一二·一六"游行示威时被打伤，反动当局宣布提前放假。我留在清华，参加了平津学联组织的"南下扩大宣传团"。在宣传途中，我积极工作，教群众唱革命歌曲。参加南下宣传的有蒋南翔、雷骏随（李昌）、王永兴、魏蓁一、黄绍湘、高宝琦（高原）、李立睿、杨学诚、章安椿、王玉发等，还有燕京大学的王汝梅（黄华）。

南下宣传回来后，1936年初参加下乡宣传及成立中华民族解放先锋队。回校后，蒋南翔要我与赵德尊、王永兴等成立清华"左联"小组。这期间，我做过下乡教"拉丁化新文字"，在农校教课，办刊物，撒传单等工作。参加的社团有"泡沫"社、"文艺青年救国会"，与刘曼生（现名谷牧）、黄树则、鲁方明（现名余修）等认识。还曾与张露薇合编《文学导报》。

我在给《泡沫》写的文章《当前文艺运动的任务》中，提到了"国防文艺"的口号，笔名用的是"未辰"。我还替《泡沫》捐款，向清华师生张申府、吴承明、叶笃廉拉捐过，又在清华合作社代销过《泡沫》。

那时间，我经常代表"泡沫"社去开秘密的会，可能是"文总"或"左联"召开的，地址常变动。记得清楚的一处是在东城北大红楼附近，沙滩大街西口当街的住家里，是中等家庭光景。还有一处是宣武门外一带的一个会馆里，在这个会馆里开过不止一次。我模糊的记忆中，我到前门外开过一次这样的会。这样的会，都是只有七八个或十个人，都是代表各学校文艺团体和文艺刊物的。刊物的名字有《文地》、《文风》、《北方文学》之类。记不清哪次会了，会上筹备成立了"北平文艺青年联合会"，简称"文青"。

"文青"是公开做社会活动的群众团体，曾在西城中国学院开过大会，由我当主席，请了张申府讲演（我到过张申府在清华的住宅几次，一次曾遇到姚克广即姚依林也在他家。当时，我认为张是进步教授）。这期间，我还认识了北平大学医学院的黄树则（笔名黄既，现在中央卫生部工作）。我到医学院去找过黄树则，也多次到过中国大学的鲁方明家。他们都是"文青"的。

1936年4月间，"泡沫"社被查封，北平警察局特务车到我在城里的住处抓我，警察侦探到清华去找我。因此我去天津三哥及表哥家里躲了一两个月，暑假中又回清华，与叶笃廉（现名叶方）同屋。为《浪花》（"泡沫"社后身）、《新地》（清华文学会编）、《光明》等刊物写稿，又为天津《益世报》编半月刊"生活文化"。这年冬天参加绥远前线服务团（团长郭见恩，现名郭建），回来写了一些通讯报告，在《申报周刊》、《国闻周报》、《中流》、《光明》等刊物发表。

1935年"一二·九"运动后，我就参加了党的外围组织"左联"。1936年，一些进步同学都入了党。我因这期间与韦君宜闹恋爱纠纷，我粗暴野蛮，在校内名声很坏，组织上没有把我作为发展党员对象。1937年初，我与吴承明谈起入党事，吴说可找蒋南翔。我去找了蒋南翔，提出要求他介绍我入党，他表示同意。过了不久，杨德基（现名杨述）找我谈，说党组织已同意我为中共党员，无候补期（当时参加"社联"、"左联"的入党都无候补期）。1937年春，由蒋南翔介绍参加中国共产党，与杨述单线联系。我入党的事告诉了韦君宜，当时她已是党员。

过了一些时候，韦君宜忽然不告诉我而离开了学校。我找到她的妹妹魏莲一（当时在燕京大学读书）和清华女同学郭建（现在全国妇联）都没有问到下落。又过了些时候，我接到韦君宜从太原的来信，说她已到了太原，那里的救亡运动空气也很沉闷，并提到我不要去太原找她，最后署名是"清手启"（她的笔名是陶清）。我为了个人的目的，向杨述提出要求组织同意我去太原"牺盟"工作。杨述回答要向组织反映，下次答复。下次我和他联系时，他答复我说组织意见我仍留北平，不去太原。我又提出恳求，要他向组织反映再考虑我的请求。又下一次的联系时他说，组织同意我去太原了，并告诉我到太原如何接组织关系的办法。记忆中杨说到，太原还没有正式成立党的组织，因此，他要我写一封信留给他，信封上是我的名字，将来拿这封信去找我的就是组织上派去和我接党的关系的人。并让我到太原去找李浴源的家里，把我在太原的住处告诉李家（妻）。去太原找我的人，就让李浴源（是清华老同学，和牛佩琮等都是在校内进步学生中知名人物）家告诉我的住处。这样，我就按照杨述讲的办法，留下一封写给我的信交给他。当时，我知道地下党转关系是有预先约定的办法，并未认为这个办法不合组织手续。这样，我就离开北平经过石家庄，到了太原。

我到太原住在"牺盟"的机关宿舍。到太原后，才知道韦君宜已离开太原，回到天津家里去了。这样，我在太原找她的个人目的就落了空，加上"牺盟"当时的工作，没有许多事情，他们并未积

从潘家园翻出的历史

极留我在太原，安排我的工作。因此我就不想留在太原工作，仍想回北平了。于是，我就决定自行回北平了。回到清华后，我就找杨述说明在太原没有等到那个拿我的信找我的人，要求恢复组织关系，杨述说要等拿信的人把那封信转回来，了解我在太原的情况，才能恢复组织关系。因此我只好又等待，我问过杨述，他没有什么新的答复，只是要我等待。当时已接近暑假，我忙于备考及校内活动。放暑假后，我就住到西城辅仁大学附近的一个公寓里，每天除参加一些抗日救亡社会活动外，就是去北平图书馆，在辅仁大学操场练习骑自行车等。随后卢沟桥事变发生。我一直住在城里，没有回清华去，和杨述没有再联系。

这算是失掉了党的组织关系。

七七事变，北平沦陷后，我在平津通车后由平去津，又与叶方同乘海口轮离津赴沪，因"八·一三"抗战爆发，改在烟台上岸，经济南去南京，九月下旬组织首都平津学生救亡宣传团，我任宣传部长，出发到淮南矿，在合肥、巢县一带宣传，十月间我去长沙临时大学复学，在南岳临大文学院读书并做些宣传工作。因临大又将迁到昆明，我于年底去武汉回到宣传团，在红安、麻城，后又去信阳工作，直到1938年4月宣传团解散。五月我在武昌通俗读物编刊社任编辑（编辑主任王日蔚现北京师大王真，同屋赵纪彬现在科学院哲学研究所）。后与叶方一同去桂林工作，由邹韬奋（投稿认识）介绍在中华职业学校教书。后来，我和叶方一道到桂林工作，我们都没有党的组织关系。1938年底，桂林成立了八路军办事处，我和叶方去找办事处负责人李克农，要求恢复组织关系，他说，需要有证明，转来组织关系。这样我才和叶方商量，我去重庆找到了杨述，恢复了组织关系。并在重庆八路军办事处的党训班学习了一个月。我并请求杨述为叶方向桂林方面办理证明组织关系的手续。

1939年2月到《战时教育》社任编辑（负责人戴白桃，现在北京人民教育出版社，同事陆维特，现在福建师范学院）并参加《战时青年》（南方局青委主办）编辑工作。五四大轰炸后，搬到北温泉小学。暑假后，私立育才学校成立（校长陶行知），我担任文学组主任（教员有陆维特、邹绿芷，现在上海中国福利会。助教徐荇，现在《红旗》杂志社）。

1940年初秋随同五老（董、林、吴、徐、张）乘五辆大卡车由重庆办事处经成都、西安到延安。1940年9月到中央宣传部，在国民教育科工作（同事席道崇，现在中央联络部）一年后，中央研究院成立，我调到文艺研究室任研究员，这期间参加了延安的文艺座谈会及整风审干。在整风中，由于我的错误思想存在（如说，周作人散文写得好，国民党的中央研究院比我们的办得好等）受到揭发和批判，历史经过审查，结论是"'九·一八'参加进步活动，'一二·九'参加革命活动，政治历史无问题"。1943年我领导写作小组（三人，还有吴伯箫、杨朔）参加边区参议会采访，又在党校一二部整风大会整理记录，1944年调中央党校四部做教员（当时学员有肖德明、黄立功，现都在湖南军区）。

1945年抗战胜利，10月间我随同青委干部大队徒步离延安去东北。1946年1月底到东北局（海龙）分配到东北日报社做记者（副社长廖井丹，现在四川），采访东北抗日民主联军事迹，写成文章。3月底调《长春新报》，在吉林市参加宣传工作等待进入长春，4月下旬到五月中旬负责《长春新报》工作（社长曹瑛，现在对外文化协会），下旬从长春撤退到延吉，6～8月参加拉法战地三人小组（我方与美蒋各派代表一人）做翻译工作，9月后到延吉一中做校长一年（当时学生张文忠，现在沈阳市委，兰志民，江西省团委）。

1946年5月，我与梁再在延吉结婚时，计算党龄，如这段（1937年春去太原后到1938年底，失去组织关系）不算则不足七年。当时，吉林省委照顾我和梁再的具体情况，批准了我们结婚。婚后不久，我为了弄清这段历史，特地向省委请假到东北局组织部申请做出组织结论。当时，我住在哈尔滨教育局蒋南翔那里，并告诉了他我的来意。东北组织部做出决定，认为我当时失掉组织关系，是由于犯有自由主义错误，补给了党内警告的处分，在一年后根据改正情况，可由吉林省委考虑决定撤销这一处分（一年后我申请吉林省委，省委做出决定撤销这一处分）。在失掉关系期间，我一直在党的领导下做革命工作，因此这期间计算党龄。

1947年暑假参加吉林省委土改工作队，到永吉县敌游击区做土改工作半年余。吉林解放后调任联合高中校长一年。1949年2月准备南下，4月离开吉林市，在天津市一个半月，6月下旬到江西南昌，任八一革命大学副教育长（校长陈正人，现在八机部）兼研究部主任。1950年至1953年在南昌大学任秘书长，党组书记。1950年6月去北京参加全国第一次高等教育会议。

1953年全国院系调整，10月间土建学院成立，我在土建学院工作五年，1958年4月调湖南被省委政策研究室，5月兼省文联副主席。

1959年10月初回湖大接受反右倾批判，1960年2月被省委定为右倾机会主义反党分子，留党察看两年，1961年底甄别平反，省委决定撤销原结论及处分。

1952年春在萍分车站与查票员争吵，列车缓开，《人民日报》读者登报检举，因而受到江西省委纪律检查委员会警告处分，一年后撤销。

1960年3月至1961年10月下放锻炼，在郴县滁口林场任副场长。1963年5月底调回湖大任副校长。1964年2月下旬参加省委工作组，在师院参加社教工作二年又三个月，1966年6月初调回湖大。

魏东明

1967年6月

毛岸英给向三立同志的一封信

　　2006 年 10 月周末的一天，我又去潘家园市场转悠，在某个出版社处理下来的一堆资料中，我发现其中有向三立写的《幸福的会见》，回忆他在 1949 年 11 月 9 日受到毛主席接见的情景的手迹原件，于是我就整袋买了下来。在整理中，我还意外发现有鲜为人知的毛岸英的手迹。这是解放伊始毛岸英写给向三立的信。

　　向三立是杨开慧姨妈之子。

　　想起中国共产党的创始人毛泽东和他的家人、亲戚为中国革命做出的牺牲，我不禁心潮澎湃。毛泽东一家六位亲人无疑是受到毛泽东的影响而义无反顾地献身于中国革命事业，他们牺牲的时候正是风华正茂的年龄。当初他们选择走向革命道路的时候，绝没有去想到功名利禄和日后的生活享受，完全是为了全体中国老百姓去谋利益，为了民族大众的幸福去牺牲。毛泽东把这一动机概括为"全心全意为人民服务"，并定为中国共产党的宗旨。这个宗旨从延安杨家岭写进了中南海。

　　毛岸英在信中说："为人民服务，说起来很好听，很容易，做起来却实在不容易。"但他在对待自己和他亲戚的问题上，做到了"无产阶级的集体主义——群众观点与资产阶级的个人主义——个人观点"，"前者占了优势"。毛岸英这封家信，今天读起仍有重要的现实意义。

128

毛岸英给向三立同志的信

三立同志：

　　来信收到。你们已参加革命工作，非常高兴。你们离开三福旅馆的前一日，我打电话与你们，全不在家。次日再打电话，旅馆职员说你们已经搬走了，后接到林亭同志一信，没有提到你们的下落。本想复他并询问你们的下落，却把他的地址连信一齐丢了（误烧了），你们若知道他的详细地址望告。

　　来信中提到舅舅"希望在长沙有厅长方面位置"一事，我非常替他惭愧。新的时代，这种一步登高的"做官"思想已是极端落后的了，而尤以为通过我父亲即能"上任"，更是要不得的想法。新中国之所以不同于旧中国，共产党之所以不同于国民党，毛泽东之所

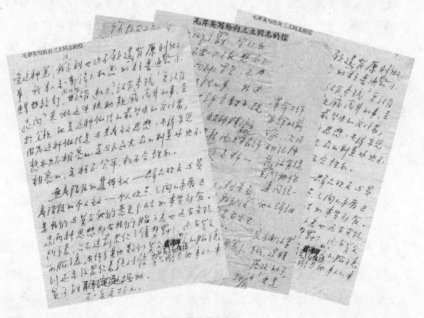

毛岸英书信

以不同于蒋介石，毛泽东的子女妻舅之所以不同于蒋介石的子女妻舅，除了其他更基本的原因之外，正由于此：皇亲贵戚仗势发财，少数人统治多数人的时代已经一去不复返。靠自己的劳动和才能吃饭的时代已经来临了。在这一点上中国人民已经获得根本的胜利。而对于这一层，舅舅恐怕还没有觉悟。望他能慢慢觉悟。否则很难在新的中国工作下去。翻身是广大群众的翻身，而不是几个特殊人物的翻身，生活问题要整个解决，而不可个别解决。大众的利益应该首先顾及，放在第一位。个人主义是不成的。我准备写封信将这些情形坦白告诉舅舅他们。

反动派常骂共产党没有人情，不讲人情，而如果他们所指的是这种帮助亲戚朋友同乡同事做官发财的话，那么我们共产党正是没有这种人情，不讲这种人情。共产党有的是另一种人情，那便是对人民的无限热爱，对劳苦大众的无限热爱，其中也包括自己的父母子女亲戚在内。当然，对于自己的近亲戚，对于自己的父、母、子、女、妻、舅、兄、弟、姨、叔是有一层特别感情的，一种与血统、家族有关的人的深厚感情的。这种特别的感情共产党不仅不否认，而且加以巩固并努力于倡导它走向正确的与人民利益相符合的有利于人民途径。但如果这种特别感情超出了私人范围并与人民利益相抵触，共产党是坚决站在后者方面的，即"大义灭亲"亦在所不惜。

我爱我的外祖母，我对她有深厚的描写不出的感情，但她也许现在在骂我"不孝"，骂我不照顾杨家，不照顾向家；我得忍受这种骂，我决不能违背原则做事。我本人是一部伟大机器的一个极普通平凡的小螺丝钉，同时也没有"权利"没有"本钱"更没有"志向"来做这些扶助亲戚高升的事。至于父亲，他是这种做法的最坚决的反对者，因为这种做法是与共产主义思想、毛泽东思想水火不相容的，是与人民大众的利益水火不相容的，是极不公平、极不合理的。

无产阶级的集体主义——群众观点与资产阶级的个人主义——个人观点之间的矛盾正是我们与舅父他们意见分歧的本质所在。这两种思想即在我们脑子里也还有尖锐斗争着，只不过前者占了优势罢了，而在舅父的脑子里则还是后者占着绝对优势或者全部占据，虽然他本人的本质可能不一定是坏的。

　　关于抚恤烈士家属问题，你的信已收到了，事情已转到组织部办理，但你要有精神准备：一下子很快是办不了的，干部少事情多，湖南又才解放，恐怕会拖一下。请你记住我父亲某次对亲戚说的话："生活问题要整个解决，不可个别解决。"这里所指的生活问题主要是指经济困难问题，而所谓整个解决主要是指工业革命，土地改革，统一的烈士家属抚恤办法等。意思是说应与广大的贫苦大众一样地来统一解决生活困难问题，在一定时候应与千百万贫苦大众一样地来容忍一个时期，等待一个时期，不要指望一下子把生活搞好，比别人好。当然，饿死是不至于的。

　　你父亲写来的要求抚恤的信也收到，因为此事给你信已处理，故不另发，请转告你父亲一下并代我问候他。

　　你现在可能已开始工作了吧，望从头干起，从小干起，不要一下子就想负个什么责任，先要向别人学习，不讨厌做小事做技术性的事。我过去不懂这个道理曾碰过许多钉子，现在稍许懂事了——应该为人民好好服务，而且开始稍许懂得应该怎样为人民好好服务，应该以怎样的态度为人民服务了。

　　为人民服务说起来很好听，很容易，做起来却实在不容易的，特别对于我们这批有小资产阶级个人英雄主义的没有受过斗争考验的知识分子是这样的。

　　信口开河，信已写得这么长，不再写了，有不周之处请谅解。

　　祝你健康！

　　　　　　　　　　　　　　　　　　岸英上　10 月 24 日

山西万泉县干部给毛泽东的一封信

在我的收藏中，有一封信，这是1950年山西万泉县干部给毛泽东主席写的一封信，中共中央办公厅秘书室将信转给华北局秘书处。此信刊登在华北局出的《材料汇集》上。

从这封信里可看出，新中国成立之初，经过战争的创伤，民生凋敝，百业待举，有的基层干部素质和觉悟不高，干事作风粗暴，可以说执政能力还较薄弱，而群众对干部的期盼很高，这正是考验共产党的民主意识和执政水平的时候。由于中国共产党非常重视民主，在工作中注重提高干部队伍的素质和文化水平，加强执政能力建设，所以人们敢说真话，反映真实情况，决策层由此能够实事求是地解决和处理问题，为人民群众及时排忧解难，化解矛盾，变消极因素为积极因素，真正使人民政府所做的一切工作符合人民的利益，成为人民当家作主的政府！我想：人民政权能到今天，日益稳固发展，这其中不知包含着老一代革命前辈的多少心血，不知一代又一代共产党人做了多少艰苦细致的工作，对于这来之不易的和平与幸福，我们今天唯有珍惜和努力。

该信是这样写的：

毛主席钧鉴：

我现在将汾南的情况，向你作个报告，这个报告关乎我党存亡问题，希望你详细看了，速作解决，兹特分述如下：

（一）我们的干部除县级以上干部较好外，其余区以下干部多半是能力太低而且是地痞流氓二流子之类的很多，这些干部多系由晋东南提拔的村干部，因为在晋东南时我们是以这些人为发动对象，所以这些人提拔到汾南当区干部，尤其做土改工作，他们首先发动的也是这类人，以致在土改中区干部村干部贪污是普遍的严重的现象，使工作搞得一塌糊涂，百分之八十以上群众现在反对我们，骂我们，痛恨我们，因为汾南日寇来时至现在负担很重，土地普遍无人要，白给人要贴东西，但在土改中搞出的其他财产多为坏村干部贪污，真正老实农民反而得不上，这些人得了不是抽大烟料子，就是大吃大喝，胡花乱用，同时在斗争中故意提高中农成分。据了解汾南错斗中农不下全部被斗户的四分之一，现在农村成为一种做一些的吃一些的风气，有这样两句普通的话可以说明群众对生产的情绪，"辛辛苦苦，却为地主"，"受苦一生，定成富农"，"烟酒嫖赌，毁个空，八路军扶起当朝廷"。

（二）因为我们的干部素质低而且坏，致使我党的政策完全脱离群众，他们在工作中不是发动群众提高群众觉悟，而是行政命令包办蛮干，因此现在雇贫农也骂我们恨我们，因为分不到东西，又找不到活干，反不如未解放前，工商人更是骂我们，所以现在到处特务活动造谣，群众普遍加入"一贯道"，但我们调查不出。

（三）在负担上我们一来是宣传只收一次，现在每年两次，而且比阎锡山时远重得多，因此老百姓有这样一句话"三购不如一屯"。去年汾南麦子普遍遭灾，收成大减，仅及往年之半，但我负担并没少一点，今年麦苗因去年雨大多迟种了一个多月特别不好，据群众估计每亩顶多能收三斗至四斗（每斗十五市斤），但我们县上偏说要收七斗至八斗，老百姓很害怕，现在农村普遍没吃的，春荒甚严重。工商业近年也萧条得厉害，一年做不了以前半月的生意所赚的钱。不但我们的负担并不轻于以前，因之工商业普遍倒闭，据说曲沃、临汾、运城歇业的均在半数以上，县上更甚。

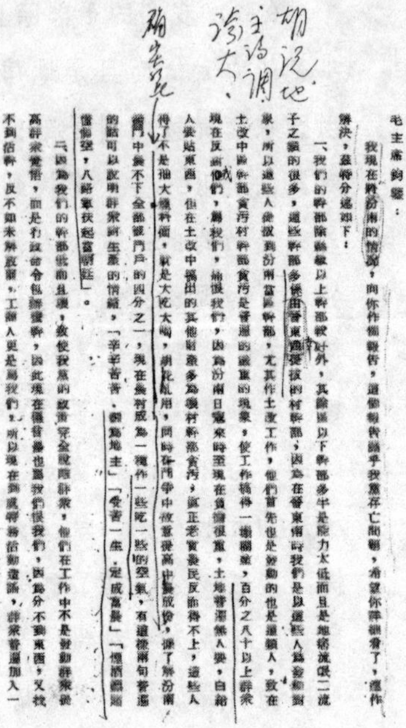

从
潘家园
翻出的历史

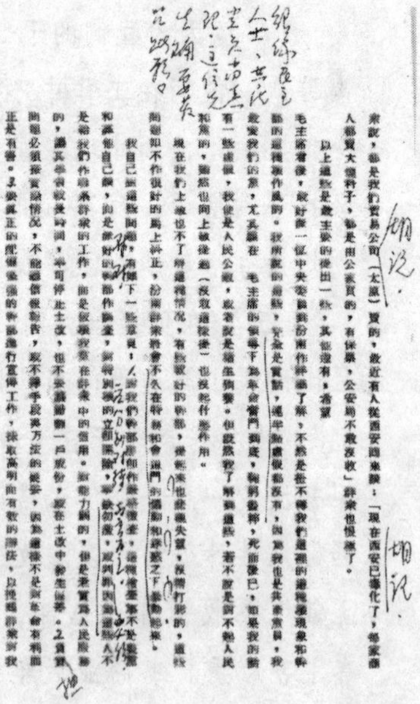

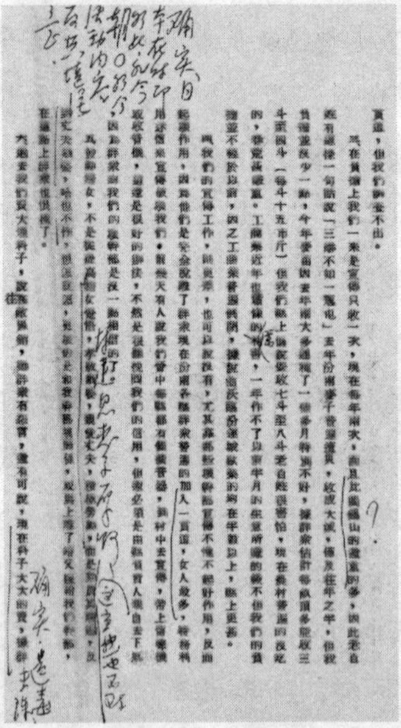

山西万泉县干部致毛泽东的信

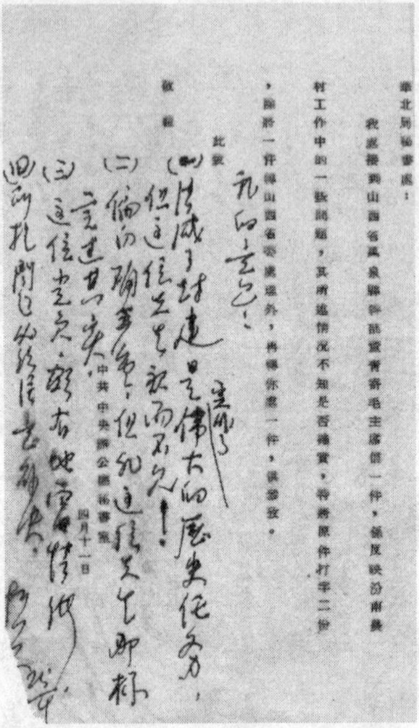

134

（四）我们的宣传工作，则更差，也可以说没有，尤其靠那些坏干部不唯不起好作用，反而起坏作用，因为他们是完全脱离了群众。现在汾南各县群众普遍地加入"一贯道"，女人最多，特务利用迷信来宣传破坏我们。前几天有人说我们晋中每县都有个扩音器，到村中去宣传，带上留声机或收音机，这还是很好的办法，不然是很难挽回我们的信用，但还必须由县负责人亲自去下乡，因为群众对我们的坏干部是没一点相信的了。

（五）发动妇女，不是从提高妇女觉悟，孝敬翁婆，亲爱丈夫，积极劳动，而是动员其离婚，反对丈夫翁婆，啥也不做，想怎就怎，更坏的是和我们干部搞关系，或马上离了婚又嫁给我们干部，在这点上群众也恨极了。

（六）过去我们买大烟料子，说往敌区销，虽群众有怨言，还有可说，现在料子大大地买，据群众说，都是我们贸易公司（太原）买的，最近有人从西安回来谈："现在西安已毒化了，每家商人都卖大烟料子，都是由公家买的，有保票，公安局不敢没收。"群众也恨极了。

以上这些是提出的最主要的一些，其他还有，希望毛主席看后，最好派一位中央委员到汾南作详细了解，不然是扭不转我们这里的这种坏现象和干部的这种坏作风的。我所说的这些，完全是实话，连半点虚假都没有，因为我也是共产党员，我最爱我们的党，尤其愿在毛主席的领导下为革命奋斗到底，鞠躬尽瘁，死而后已，如果我的话有一些虚假，我便是人民公敌，或者说是猪生狗养。但既然我了解到这些，若不说是对不起人民和党的，虽然也向上级提过（没敢这样提），也没起什么作用。

现在我们上级也不了解情况，有些较好的干部，提起来也悲观失望，没精打采的，这些问题如不作很好地马上纠正，汾南群众将会不久在特务和会道们的煽动和迷惑之下暴动起来。

我自己对这些问题，有如下一些意见：（1）对我们干部应即作严格检查，这种检查不是整党和靠他自己谈，而是派好的干部作调查，对特别坏的立即开除，宁缺毋滥，或判罪。因为这些人不是给我们做联系群众的工作，而是破坏我党在群众中的信用。对能力弱的，但是老实为人民服务的，让其学习较长时间，宁可停止土改，也不要让错划一户成分，或在土改中发生偏差。(2) 负担问题必须按实际情况，不能听信假报告，或不择手段与方法地硬要，因为这样不是对革命有利而正是有害。(3) 要真正地配备坚强的干部进行宣传工作，采取高明而有效的办法，以消除群众对我们的仇恨。(4) 立即停止贸易公司销售大烟料子，对贩烟的都课以极重的罪。(5) 纠正干部片面的雇贫观点和片面的妇女解放及片面税收观点。

　　以上只谈了我们坏的一面，没谈好的，不管如何，大多数群众反对我们、痛恨我们是很严重的问题，我对这种现象生气得哭了好多次，最后才想出给毛主席写这封信，请你看后，将所谈的在《人民日报》或《建设》上作简要答复，以便使我了解中央对这个问题如何处理，或者认为我的话有观点及其他不对处也请指出，总之我认为这是最大的事情。

万泉　董　青

三月六日

一张办好公共食堂的布告

据父辈讲，解放初，农民分得了土地，压抑了的积极性猛然爆发出来，真是粮满仓、猪满圈。翻了身当家作了主人的农民，从心眼儿里感谢共产党。但这好景不长，公共食堂将此景消失殆尽。父辈们认为，成立公共食堂，使人们曲解了社会主义，丧失了共产主义理想。他们还认为，成立公共食堂可能还滋生了腐败，是"多吃多占"现象的开始。把笼屉抬到大街上，放开肚皮吃大白馒头的好景不久，后又出现一段时间不长的用粮票从公共食堂打饭。当时有个顺口溜叫做"队长见队长，票子花花响，队长见了管理员（公共食堂管理者），你有粮票我有钱"。公共食堂虽然很快取消了，但人们产生了惧怕感，怕有一天再恢复公共食堂，家里毫无储备，再饿肚子，才出现了"多占"现象。所以在后来的"清政治、清经济、清思想、清作风"的所谓"四清"运动中，清出很多干部"多吃多占"的所谓经济问题。

三年暂时困难时期，父亲在县里工作，农村的推广"滚菜团"、"苦饼干"的情形让他记忆犹新。所谓"滚菜团"，就是把烂白菜叶、树叶用开水烫后揉成团，再把榆树皮面、白薯面和高粱面均匀地撒在木板上，将菜团子往板上滚上一层薄薄的皮。在"大跃进"的1959年，家乡大白薯获得大丰收。当地一般用三叉铁钩刨，但上面有人说，那样太小气，我们的社会主义要大大方方。后来，干脆用拖拉机翻，翻出来就捡，翻不出来就埋在地下做肥料。20世纪60年代初的自然灾

137

害，饿极了的农民把埋在地下的白薯刨出，切成片，晒干后磨成面，压成饼干状，就是所谓的"苦饼干"。

事情过去了近半个世纪，我有一次在潘家园发现一张马粪纸毛笔大字的山西省阳曲县人民政府关于办好农村公共食堂的布告，现转载如下：

阳曲县人民委员会
关于办好农村公共食堂的布告

(60) 阳办福布字第3号

办好公共食堂，对于实现家务劳动社会化，促进生产持续跃进，巩固和发展人民公社，不断改善社员生活，提高社员的社会主义和共产主义觉悟有着积极重大的作用。各人民公社一定要一手抓生产、一手抓生活，确实把公共食堂办好。为此，特作如下几项规定：

（一）各人民公社、管理区在粮食分配中要确实按照规定标准留足社员的口粮，统由管理区建立口粮仓库，实行专粮专用、专人保管、专账记载，严格出入库手续，做到收支有据，账目清楚。社员自留地收获的粮食，归社员所有。

（二）公共食堂，必须实行计划用粮，节约用粮。按照以人定量，指标到户，到食堂凭票吃饭，节约归己的原则，由管理区根据不同季节，不同劳动强度，定出不同的吃粮标准，保证所有社员在节约用粮食的原则下吃饱、吃好、吃足定量。不准克扣任何人的口粮，不准不给任何人吃饭。不准吃饭是一种违法行为，人人有权向各级人民委员会控告，业经查实定要依法论处。

（三）公共食堂要建立家底，逐步改善社员生活。公共食堂应该自己种菜、养猪、养鸡以及发展其他副食品生产。尽快地做到每人每天平均吃到二斤至三斤蔬菜，充分利用四边十旁等一切可以利用的零星土地种植蔬菜和油料。力争做到副食品自足有余。

从潘家园翻出的历史

管理区饲养的家禽、家畜应与公共食堂严格分开。

（四）公共食堂要大搞灶具革新。普遍地推广无尘灶、洗菜、切菜机、土洋吹风机和擀、压面机、做饭土蒸汽、土自来水等，减轻服务人员的劳动强度，缩短劳动时间。在保证饭菜多样适口的条件下，逐步减少服务人员。同时应当合理安排劳畜力，利用生产空隙时间，组织社员割柴运煤，经常储备三四个月的柴煤。各管区要安装动力碾磨，实现碾米磨面机械化、半机械化。

（五）各人民公社管理区，应随着生产的发展逐步添置食堂的设备。公共食堂应当本着勤俭的原则，对厨房、饭厅、仓库、菜窖、炊具、桌橙等设备，要不断进行整修和添置，改善集体福利设施。

（六）公共食堂要实行民主管理，建立健全食堂管理委员会，定期检查和讨论食堂工作，发动社员开展批评与自我批评，依靠群众管理食堂，办好食堂。为了保持食堂经常有一定的骨干，管理员和炊事员的调整和调动，必须分别经公社和管理区批准。

（七）公共食堂要实行经济核算制度，改善经营管理。公共食堂所用的粮、油、菜、柴、煤、酱、醋等实物，不论是自己生产的或者购买的都必须详细登记账目。一些收支均要做到日清月结，按月公布，使社员了解家底。

（八）公共食堂要讲究卫生。经常保持厨房、饭厅、饭菜、炊具、食具库房的清洁，定期进行消毒和修理。逐步改善环境卫生，消灭四害。不喝生水，不吃瘟死的家畜家禽和霉烂变质的食物。毒性药物和喷洒药物的用具要有专人负责保管和使用，要与粮仓和食堂严格分开，以免发生中毒。

（九）公共食堂的工作人员要研究业务，提高烹调技术。粗粮细做、粮菜混吃，有干有稀、饭菜多样化。

（十）纯洁食堂组织。食堂的管理员和炊事员，要由政治觉悟高，热爱食堂工作，公正能干的贫农下中农担任。地主、富农、反革命分子以及其他坏分子，一律不准担任公共食堂的任何工作，

139

只允许他们到饭厅吃饭和买饭，不准他们到厨房、库房里去。如果发现有破坏公共食堂的行为，必须按照情节，依法惩处。

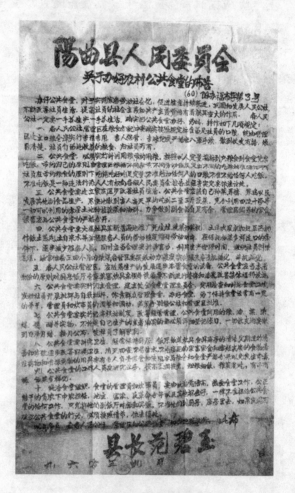

关于办好农村公共食堂的布告

以上各点，希各人民公社、管理区和公共食堂，切实遵照执行。此布

县长范碧玉

1960 年 9 月

吴印咸的"文革"遭遇

1992年的潘家园书摊就是现在的潘家园停车场。当时书摊摆摊的不超过二十家。

秋天的一个周末,我逛完古玩地摊后顺便到书摊,看到装了一个整箱的吴印咸的资料。我整箱买下,整理后大致内容可分为如下几类内容:吴印咸"文革"初的检查;揭发批判刘少奇、陆定一、周扬、林默涵及其同行等材料;写给江青、于会泳、浩亮、刘庆棠等人的信;写给胡耀邦等领导同志的信。

吴印咸1900年生于江苏省沭阳县,1922年毕业于上海美专。1934年他与电影摄影结缘,1935年便正式担任了电影摄影师,拍有《风云儿女》、《马路天使》等影片。1938年他和进步的电影工作者袁牧之等人一道奔赴延安,开始了用摄影这一武器直接为革命服务的摄影工作者的革命道路。1938年八路军总政治部成立"延安电影团",吴印咸担任摄影工作后又担任了该团的领导工作,拍摄了八路军的作战生活、民兵生活、军民关系等,生动地展现了毛泽东等老一辈革命家的光辉形象。记录伟大的国际主义战士白求恩大夫的影片和照片,受到了抗日军民的广泛欢迎。

解放后,吴印咸先后出任东北电影制片厂厂长、北京电影学院副院长、中央"五·七"艺术干校副校长、国务院文化组成员、文化部电影局顾问。

吴印咸在"文革"中也有着一段心酸史。

吴印咸作为20世纪30年代的电影人，"文革"一开始就受到了批判。在他的资料中就有检查之一至五的材料，主要检查他的白专道路、名利思想、教育思想、家庭出身、同事关系。当然，也有写20世纪三四十年代电影人的证明材料，如许幸之、徐肖冰、钱筱璋、田方，还有揭发批判了钟敬之等材料。

有些证明材料还比较客观，比如田方。吴印咸在"有关田方的材料"中说：

> 我认识田方是在上海天一影片公司，那时田方是天一的演员，我在天一做布景工作。……我于1938年秋到延安后，才知道田方已先到了延安。田方是1945年下半年从延安到东北的。1946年4月在东北局决定和领导下，田方与钱筱璋、许珂等到长春接收伪"满映"，他们把"满映"全部电影物资、技术设备及愿意跟共产党走的制片人员，在发动"伪满映"的职工和当时党的地下工作的协助下，在几天之内就把这些人与物迁出了长春，运到了解放区。是有功的。

在1970年1月中央"五·七"艺术干校成立之前，吴印咸应该是受批判和批判别人的。

吴印咸从艺术干校副校长到国务院文化组（吴德任组长，刘贤权任副组长，石少华、吴印咸、于会泳、浩亮、刘庆棠、黄厚民、狄福才为成员）成员，他这个30年代的电影人不得到江青等人的许可是不可能的。吴印咸在延安给江青照过不少相，也教过江青照相，就因为这个缘故，吴印咸就可以直接见到江青。也正因为这个缘故，吴印咸在江青面前也更加小心翼翼。从吴印咸给江青的信里也说明了这一点。

吴印咸1968年4月22日给江青写信，反映近年从他处借走毛泽东主席照片的情况：

江青同志：

　　向你汇报一件事情。

　　去年十月间，中央办公厅警卫局的高连仑、刘殿良两同志来电影学院并到我家说："中央文革派他们来了解毛主席照片借出情况。"通知我写借出情况，并要我登记我所有毛主席照片的数量，我也给他看了我多年来珍藏的在延安所拍的主席照片。三天后他们来取了清单和借出情况，并说：照片先封存，是否上交等待中央文革决定处理。十月三十一日高与另一同志来说："戚本禹决定要把这些照片一律上交。"我就给他拿走贴有毛主席照片的相册。其中包括《毛主席相集》（肖像、讲演、剪集等三种）、《毛主席与江青同志》、《毛主席与战友》等十五本及重复而未贴本的大小照片共计 1016 张。

　　今年一月向文艺（王宝功时期）又派井彩来电影学院和我家，再次登记借照片情况及上交照片情况，我又再一次写了报告，并且又将后来清理出来的另一些照片和翻底的底片都做了补充登记，全交给了井彩，并说：这些照片和底片是否上交等中央决定，故未拿走。

　　由于戚本禹被中央文革端出来之后，我怀疑戚是否会在取去的照片中要什么花招，也不知道这些照片是否保存在无产阶级司令部手中，故特向你汇报这件事，只要这些照片没有被他利用而完整无缺，我就放心了。

　　向你学习！向你致敬！

　　祝主席万寿无疆！

吴印咸

1968.4.22

还有一封是吴印咸写给于会泳的信。

吴印咸给于会泳的信

事情是这样的：1973年11月，中央"五·七"艺术干校缪森林、苗正明、张瑞坤、王俊之四人建议开办录音专业，写信给校长于会泳。因在信中说，"今年四月份，我们听说由于中央首长的指示要办电影录音专业"，"我们听了传达江青同志关于师资等十点指示……""中央首长"和"江青同志"使于会泳惊慌失措，马上批示给吴印咸：请你们研究一下这封信。

我和浩亮同志看了这封信认为：（一）信中所说"中央负责同志指示办电影录音专业"这句话是从何处来的？（我们从未听说过。）（二）信中说的"江青同志关于师资等十点指示"是指什么？……

吴印咸报告给于会泳：

（一）关于四人报告中所说的"中央首长指示办录音专业问题"，这是他们得知艺校要办录音专业后的猜想，并无实际根据，已向他们解释清楚；（二）关于四人报告中所说的"江青同志关于师资等十点指示"是指江青同志在十月二十九日关于艺校招生、师资进修、批判无标题音乐、艺校学习汇报演出、侯永奎、张世霖的安排、外国表演团演出消毒、文艺评论、校舍建设等的指示，我们在传达时曾归纳为十点指示……

粉碎"四人帮"之后，吴印咸遇到了前所未有的尴尬局面，用吴印咸自己的话说：领导不理睬，工作条件一点不给，写作没有助手，拍摄没有物质保障，整日生活在希望等待而现实却是绝望的矛盾中，真是痛苦极了。

吴印咸，这个新中国电影摄影的奠基人之一，20世纪30年代进入电影界任上海天一影片公司美术师，1938年放弃优裕的工作和生活从敌占区奔赴抗日根据地延安，他的《艰苦奋斗》、《组织起来》、《进军南泥湾》、《前线观察》，还有那幅不朽杰作《白求恩大夫》至今闻名遐迩。然而，这样一个当年受毛主席、周总理尊重的技术专家，行政八级的副部级干部竟然因为自己使用多年的白郎尼卡相机"经常出故障，曾多次修理"，"希望将库存的哈斯白莱特相机给我使用"，给领导写了四次报告。在第四次报告的结尾，吴印咸深情而又无奈地写道："我的心情是要长征，继续革命。但我毕竟是七十八岁了，如果没有组织上给予条件，还能做点什么呢？这就是我要争取相机的补充理由……"这是1978年5月2日。

吴印咸在万般无奈之下给胡耀邦同志写了信，胡耀邦很快作了批示，但"未见文化部有任何反应"。吴印咸于1979年4月2日又给胡耀邦同志写了信：

耀邦同志：

去年三月给您写的信，虽经您批示，但至今未见文化部有任何反应，更说不上解决。

我现在的处境是：领导不理睬，工作条件一点不给，写作没有助手，拍摄没有物质保障。整日生活在希望等待而现实却是绝

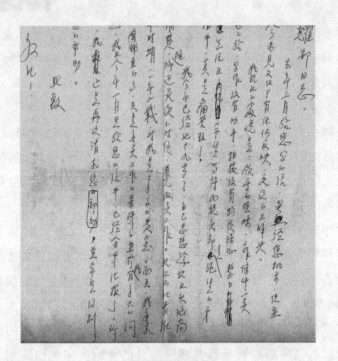

吴印咸给胡耀邦的信

望的矛盾中，真是痛苦极了。

我今年已经七十九岁了，自己总想趁现在头脑尚清楚，腿脚还灵便的时候，为党做点工作。现在不比青壮年时期，一年二载，对我是多么宝贵，而且我要求的并不高，只是要点工作的条件，至于我有多大的问题，我在今年一月里给您的信中，已经全部汇报了。所以，我还是再次请求您，希望得到您的帮助。

此致

敬礼！

吴印咸

一九七九年四月二日

从我收集的吴印咸的资料中，发现有一份文化部党组 1981 年 12 月向中共中央宣传部关于落实胡耀邦同志对吴印咸同志信的批示的情况汇报。报告中说：

> 我们工作中确有照顾不够的问题，如去年他曾提出要点外汇买一台135小型照相机和一些滤色镜。因为当时外汇有困难，没有解决……
>
> 吴印咸同志已八十多岁了，他长期从事电影、摄影工作，是有贡献的。对于这样一位老同志，我们应该给予照顾，提供一些优越条件。吴印咸同志在写作方面所需要的经费和器材，我们过去都办了。如买照相纸、胶卷等费用，都由我部实报实销。他用的一部赫森布拉特120式照相机，是司徒副部长批准的，由电影科研所借给他长期使用。……
>
> 剩下的问题，即用外汇买照相机、滤色镜和专车的问题，文化部经过研究决定：照相机因他买了，可以不再解决了……

一份反"封、资、修"文件

经过"文革"的人都知道，从首都北京到偏僻的只有几户人家的小村，从城市的大机关到村镇生产队，从火热的炼钢炉到黑土地的田野，无一不弥漫着激进的政治空气，无论是白发苍苍的老人还是咿呀学语的孩童身上，都充溢着一股"革命"与"造反"的激情，凡是有点情调、讲点时尚或宣扬人性的东西统统被冠以"封、资、修"，必须坚决革除，哪怕是连一张小小的印有铅字的纸片也要讲革命，下面就是我收藏的一份"文革"的反"封、资、修"文件：

浙江省商业厅文件（66）商厅行字第 239 号

关于迅速处理宣扬资本主义、封建主义思想意识的商品、商标、图案、装潢、包装等问题的报告

省人委：

当前，伟大的无产阶级文化大革命正在轰轰烈烈地开展，广大劳动人民的无产阶级政治觉悟大大提高，他们纷纷反映现在市场上有些商品的商标、标记、包装、花纹印模、商品名称、企业名称等方面，有的有可疑反革命内容，有的是宣扬资本主义和封建主义腐朽的东西，要求商业部门立即作出处理。

现经我们初步检查，发现问题确实不少，有的性质十分严重。

现将在政治上有明显反动的例子，分类略举如下：

一类，有可疑反革命内容的。

例如，杭州、宁波两市工厂生产的塑料凉鞋，鞋底后跟上有"共"字模型，群众说，这是把共产党踩在脚下；青岛烟厂生产的"玉叶牌"香烟，说蒸片像台湾地图，两侧的十二角图像国民党党徽；宁波烟厂生产的"海轮牌"香烟，说白色海轮从台湾开来，白色象征美国，是来进攻大陆的，烟囱上的烟象征西风；青岛烟厂生产的"骆驼牌"香烟，说骆驼颈上有一个五角星，颜色暗红，象征退色变质，骆驼背上的背袋象征日本太阳旗；上海铝制品工厂生产的铝制烟盒，说烟盒图案内有一个国民党党徽；等等。

二类，带有浓厚封建迷信色彩的。

例如，"长命富贵"锁片、项圈、手镯、脚镯；"帝王将相、才子佳人"的照片、小画片和小泥人头；"五柳先生放鹤图"、"苏小小"坟图的纸扇；"麒麟送子"的化妆品；"沉香救母图"的铅笔盒；"乾隆"、"正德"、"寿星"、"罗汉"、"和合"等字样、图案的瓷器；等等。

三类，带有严重资产阶级情调和宣扬资产阶级思想的。

例如，"郎呀郎"的歌曲照片和三十年代的"电影明星"照片；鸡心链、戒子等装饰品；"夜来香"香水，半露胸、半裸体美女的雪花膏、胭脂、戏剧粉化妆品；等等。

四类，在商品名称、厂店牌号上宣扬资产阶级和封建主义的情调和"声誉"的。

例如，水果有美人桃、美人李、大仙果、红（黄）元帅（苹果）；菜名有全家福、东坡肉、贵妃鸡、神仙鸭；嘉兴蜜饯厂仍沿用资本家的名字"张荤丰"蜜饯糖果厂。

诸如此类的坏东西，有过去未处理完的，有新冒出来的，也有未曾处理的；有本省产的，也有外省产的；有工业部门的事，也有商业部门的事。情况比较复杂。但是，我们认为，这些坏东西在当前无产阶级文化大革命中，必须彻底改革。据此，我们的意见，应本着看准了先改，无把握的弄清后再改，工业部门、商业部门一起改的原则，彻底加以整顿。

（一）凡是政治上明显反动的，例如第一、二、三、四类商品，除"玉叶"、"骆驼"、"海轮"三种商标的香烟尚待研究定案外，其余都应立即研究改换名称；必须停止销售的，应报经商业厅批准。商店店号、商办工厂厂号，凡沿用资本家名字的，应报请市、县党委同意，一律更改名称。

（二）凡政治上并不明显反动的一般商品，如果群众有意见，要求商业部门停止销售的，应由市、县党委决定。

（三）对于沿用"双喜"、"双钱"、"凤凰"、"箭鼓"、"敦煌"等商标字样或图案的商品，或类似商品，因无政治反动含义，可以照常销售。

（四）经商业厅批准停止销售的商品，能够改装、改制出售的，可以改装、改制出售；不能改装、改制的，各地应妥善保管，听候处理，决不可自行烧毁，以免造成不应有的损失。

（五）凡有明显政治问题的商品和商标，请工业部门责成工厂立即停止生产。已经生产出来的，要进行改装或改制，然后出厂。凡有严重政治问题的商标，建议对设计商标图案的人员进行一次严格审查。

（六）各地商业部门要在当地党政领导下，放手发动群众，把这一工作整顿好。在贯彻执行中，应随时将情况和问题报告商业厅。对于那些政治上有严重可疑的商标、图案等，教育职工不要向外传，防止起反宣传的作用。

以上意见，如无不当，请即批转各地执行。

一九六六年七月九日

抄送：商业部，全国供销总社，中央工商局，省委财贸政治部。

第三章
潘家园结缘

古玩市场结缘分

　　当年与我一起结伴逛潘家园地摊的朋友有官员、商人、画家、电视台主持人，还有跳舞和唱歌的艺术家。那几年，每逢周六，无论是炎热的夏季，还是寒冷的冬日，无论刮风还是下雨，只要在北京，我们都会到潘家园逛地摊。

　　那时，大家在我家附近的东花市小区一个卖油条、豆腐脑的摊点吃早点。每人两根油条一碗豆腐脑。后来，我们越起越早，最早时三点半就有人到了，卖油条的也越来越早，好像专为我们准备的。逛摊朋友中的一位企业老板，还从国外给我们每人买了件可装五节电池的大手电筒。

　　几年下来，我的眼力大大提高。我比较拿得出手的是古瓷器。

　　我们这个队伍总是结伴而行，弹指一挥，已经十年。这期间，我们还不定时、不定人地，到某一位家里聚会，"品尝"我们的收藏果实，回味我们的收藏故事。我们感觉，这些东西不是某一个人的，是我们这帮人共有的。

　　的确是这样，在逛地摊时，不管再好的东西，大家都不会去争，不管谁买了，大家都像自己得到了一样的高兴。我们这个队伍靠的就是大家都喜欢古玩，大家是在收藏古玩中结下了缘分，所以，我们至今都很珍惜。

　　我们这个队伍里有玩宋元瓷的，有玩明清青花瓷的，有玩古玉器、石雕的，还有喜欢窗花、木刻、古家具的。

　　总之，大家的收藏各有千秋，都乐在其中，美在其中。

钟爱青花瓷的老牛

老牛叫牛耕耘，从事行政工作，是我们队伍中的长者。我们队伍的管理工作，老牛说了算。

现在算来，我与老牛一起在潘家园逛地摊收藏青花瓷已经近十个春秋了。老牛收藏了不少青花瓷。他谈起这些藏品来，如数家珍，个个都有段故事，件件都让他乐不可支。

老牛收藏，最注重收藏过程。他认为收藏过程有三大好处：一是锻炼了身体。平时工作忙，没有时间锻炼，利用休息逛地摊，顺便就得到了锻炼。周末早六点起床，逛到十一点，不停地走三四个小时，带着寻找东西的想头走，不感觉累，平时散步，则很难走这么长时间，这是身体上的享受。二是"沙里淘金"。在众多的假货赝品中发现真品，提高了自己眼力。三是买到东西，回到家后第一件事就是翻书，研究确切年代，增长知识，这是精神文化上的享受。整个收藏过程是从理论到实践，从实践到理论，又用理论指导实践的完整过程。反复实践的过程，就是不断提高的过程。

老牛认为，对文物认识得越深刻，对中国的历史文化就了解得越深刻，是人民用双手将历史真实地表述出来，人民用双手也表达了自己的情感和意愿。从这一角度看，更感到毛泽东同志关于"人民，只有人民，才是创造世界历史的动力"的论述，的确是千真万确的真理。由此，更增长了对人民的感情。

老牛从来不到拍卖行买东西。他认为，从拍卖行买东西，别说买不起，就是买得起，简单地用钱来交换艺术品，艺术品就成了商品，没有了过程，也就没有味道了。他更拒绝别人的馈赠品。他认为，当今商品经济时代赠送艺术品者，有别于古代互赠互送的文人雅士，且用艺术品换取某种权力，艺术品就成了庸俗品。

　　老牛以其多年的领导阅历，对青花瓷有更深刻的认识。比如，明清以来民间生产的大量青花缠枝莲，是表明历代百姓希望做官者代代清廉；青花，白地，清清白白；青也静也，谓道德清静之意。

　　老牛的收藏品说不上珍、精、罕，大多是破损的，而且来源于地摊，真、廉、多，也称得上纯粹的地摊收藏家了。

　　老牛工作虽然繁忙，但节假日只要有时间，不管炎热的夏天或干冷的冬天，都要到地摊逛逛。他的执著也深深感染了大家。

　　青花缘使我们结伴同行，一晃就是十年。十年磨一剑，老牛已成了名副其实的青花瓷收藏家。他的瓷器收藏一般是我帮着掌眼，我的鉴赏水平，在老牛的收藏中得到不少提高。

宋元瓷掌眼大师老王

老王，名叫王怀庆，是当今油画大家，师从著名油画大师吴冠中先生。在我们的队伍中，老王是位忠厚慈祥的大哥，又是我们公认的古瓷、杂项专家。我们都称他为王老师。

我和王老师都喜欢磁州窑系的宋元瓷器。有写意画的磁州窑瓷器更是王老师的钟爱。王老师是油画大家，对画派和画风有着深刻的理解，这些是我所不能及的。

王老师收藏的瓷器，不在于完整，而在于它的图案。

王老师鉴定瓷器的真伪，除看造型、胎质、画风、试手感（重量）外，还有个绝招儿，就是看磨痕。跟王老师学鉴定，久而久之使我认识到，"磨痕"用得准，用得好，确实是鉴定真伪的一个重要工具。

因为老瓷，特别是传世瓷器，或多或少都会带有人用过的信息，有善男信女的虔诚的寄托，有文人雅士把玩的记忆，有劳动人民耕作和生活留下的烙印。在瓷器上留下善意的人味儿和不规则的磨痕。而新仿瓷器，放在雨地，用泥脚踩，用油毡布磨，人为做旧，所带的信息是恶意的人为，是有规律的磨痕。两种磨痕，在放大镜下观察是有质的区别的。

当然，"磨痕"还包括年深日久在不同环境内存放留下的不同"皮壳"（与所说的"贼光"形成对比）。这又是鉴定出土的、没经过人使用过的瓷器的"磨痕"鉴定。王老师都像教学生一样，毫不吝惜地告诉我们。几年下来,我受益匪浅。

1995年冬季的一天,天上下着大雪,在王老师的指导下,在潘家园地摊早市,我买了件宋代磁州窑罐,罐腹上有很洒脱的墨彩书法,"春人饮春酒,春丈打春牛"。抱着罐,在这寒冷的冬天里突然让我感到春天的暖意。我像是回到了阔别多年的农村,脑海里浮现出早已忘却的儿时的记忆——跟在大人屁股后边,面前是片片薄厚不匀地堆在地上结成冰又开始融化的雪;苏醒的土地上,露出萌芽的小草;大人一手扶犁、一手扬鞭打牛耕作……沐浴着春天,感觉甜丝丝的。

一次,我在潘家园地摊买了件宋代磁州窑绘婴孩瓷枕,那次王老师没去,我对真伪不放心,跑到王老师家,让他鉴定。王老师看后夸奖一番,还为这个枕头特地写了一小篇精彩的散文《抱得个"金娃娃"》——

朋友老王(指我),一天上午在旧货市场购得一件陶枕,中午就打电话通知我,晚上便风风火火地抱来给我看。当他把这件陶枕放在我的面前时,我的眼睛不由一亮,忽记起沈从文先生说过的一句话:好的陶瓷,是一撮泥土与生命的结合。第一眼的心动,正是久远的生命力对现实心灵的穿透,是整体器物从多个方面对感官的综合刺激,常常是判断真假最直观最有力最鲜活的一瞬。这大概就是行里人所说的"一眼活儿"吧!

这是一件极少见又极具典型性的婴戏纹宋三彩枕。枕前高8.5厘米,后高9.5厘米,长40.5厘米,宽15.5厘米,呈长方形,四个竖面及底面无纹,枕面却刻画得精彩动人。作者先用三条平行线,在枕面四周画出框,又用弧线作开光,把框内一分为三,中间为主体画面,左右两侧为陪衬。这几条果断有力的切割线,横竖交叉处,有的未完全衔接,有的接过了头,左侧开光的轮廓线,因兴趣所致,大胆地越过了边框。在中国民窑瓷器中,无论划、画,还是刻,定有许多笔触与刀法,带着不拘小节的随意性与一种知错也不改的放纵感，体现出民窑工人独有的自信心与追求自由的心态。

这件陶枕最精彩之处，就是开光内匍匐前行的半裸男婴像。他大头胖身，两眼圆睁，一只手支撑着，另一只手高举着，仰首挺胸，腿脚用力蹬爬，形象十分可爱。至于婴儿的发型、项圈、兜肚，更显宋代特色。其手脚及耳朵的局部造型，不仅功力深厚，而且栩栩如生，似著名定窑"孩儿枕"的一幅速写画。

遗憾的是，此枕严重破损，仅枕面就已碎成多片，然而，我和老王全不在意，尽情品味把玩，因为它有足以让我们心动之处。

收藏古董木雕的小杜

小杜，名叫杜金星，是位年轻的企业家。他在我们的队伍里年纪较小。因此，我们都叫他小杜。

小杜回忆说，十多年前，他懵懵懂懂地跟随着朋友来到潘家园，那时的潘家园都是随意在地上摆摊。地摊上瓷器、字画、青铜、木器，甚至五金工具、破衣旧鞋什么都有，真正一个自发的旧货、杂货市场。

那时的小杜满眼的好奇，惊奇于那么多没见过的东西，许多东西他叫不上名字，也不知是干什么用的，更别说是分出真假了。他跟在我们身后走，看着我们在老乡手中挑拣着瓷器、破瓶破罐，还讨价半天，有时狠狠地杀价，只给开价的老乡一个零头，竟也能成交。有时欲擒故纵，装作不买的样子，让那些心气太高的老乡自认为手中的货值不了那么多钱。

他跟着队伍，每个周末都不落。对他而言，没有眼力，又属入行中的晚辈，好东西也轮不到他，尤其是青花瓷，只有默默无语地跟着走，观听思悟，有时对朋友买过的东西也上上手，回家后查资料写笔记，就这样三年过去了。三年的风吹雨打，酷暑严寒，没有让他动摇；相反，和朋友一起，耳濡目染，过手练眼，让他学会了许多，也悟出了不少道理，选准了自己收藏的方向。

艺术是相通的，古玩也不例外。他慢慢地发现，在市场上，有许多江西人在卖窗花、小板（窗户或床上的雕版），雕工精美，内容有戏曲人物、花鸟、山水等。在当时每块小板也就10元～20元，窗花也就几十块钱。他说，这些东西不也有一二百年吗？不也是古董吗？于是他试着收些窗花、门扇。他参考收藏青花瓷的经验，专收雕有人物的，要没修过的，凡是残的或是太俗气的他都不收。那时，关于门窗木雕的专著是没有的。这时用上了跟朋友三年看瓷器上绘的古时建筑物和人物造型的诸多知识，又买了些古建筑方面的书籍，感到得心应手。那时的门窗木雕，也恰好没有太多的人重视，作为收藏品，这也算是个机缘吧。

　　小杜回忆说，1999年的元旦，北京下着大雪，不知是出于什么想法，或是某种预感，他一个人开车到十里河卖门窗木雕的小贩住地。在众多的门板窗花中，他一眼就看见了一套隔扇门，双面雕工，绦环板被泥土和稻谷填充着，隐约可见人物细细的手指，围廊不足火柴棍粗细，竟都完好。小杜知道是好东西，抑制住内心的激动，先稳住了卖家，赶快开车接来了王怀庆老师帮他掌眼，"王老师只看一眼，就赶快示意我付钱将东西拿下"。当后来卖家将东西冲洗出来后，他自己都惊呆了，说没想到雕刻会是那么精湛。绦环板上雕刻的是《西厢记》故事。他问卖家，房子为什么会拆？卖家说，这八扇隔扇"文革"期间怕被当做"四旧"毁掉，房主拆下来放到储藏间藏了起来，1998年的大洪水使这些老房成了危房，洪水带来的细沙使门扇表面糊了一层泥沙……

　　从收藏《西厢记》故事雕刻开始，小杜对窗花木雕有了感觉，他从此决定另辟蹊径，收藏古董木雕。

　　最让小杜津津乐道的是他在上海收的一对"牛腿"。

　　一次，小杜到上海出差，工作之余，他到城隍庙古玩市场转悠，在一家主营古旧门窗的店里，看到了一对"牛腿"（为支撑出挑的檐口及楼箱而设置的一种承重构件，起到斜撑的作用）。单个"牛腿"高有80厘米，宽60厘米，整个"牛腿"雕工达到了极致。镂雕、混雕、剔地、线刻，手法炉火纯青。山石树木、檐廊阶瓦，比例协调，错落有

从
潘家园
翻出的历史

致，近看细致入微，远观恢弘大气。"牛腿"三面镂空雕，枝叶茂密，层层叠叠；亭台楼阁，上下交错；细瓦回廊，清晰如真。有老叟携琴访友，有读书昏睡的书生，有骑马一步三回首酒后与友话别的官吏，有执杖行乞的老妇，有喜鹊报喜的农家小院，也有情人窃窃私语、楼上还有人窥视和侧耳偷听的男女，所有人物栩栩如生。整个画面反映了那个时代的风貌，真可谓一卷《清明上河图》。

"我忽然眼睛一亮，这样的木雕我从没见过，我也绝不会放弃。"小杜说。问过老板，才知"牛腿"已被一个外籍人预订了。小杜给老板说了许多好话，包括给他讲了许多爱国主义的大道理，说，好东西出了境，就再也回不来了。老板虽点头称是，但也说要讲信誉等等。小杜非常沮丧，回到北京，整晚睡不着，心里想着那"牛腿"。第二天一早，又返回上海，说无论如何也要把"牛腿"拿下，一副志在必得的样子。老板为小杜的真情所动，同意把"牛腿"让给他。如今，这件宝贝应是他的镇宅之宝了。

这件"牛腿"是典型的东阳工艺！

小杜说，买到东阳木雕"牛腿"后，他特地独旅东阳，寻找东阳的老房子。许多老房子仍能看见精美的木雕，有些住着村民，有些散落在村，已显破旧和荒芜，有些成片的老屋，有幸成为文物保护单位。大多数因无钱维护，处于自生自灭的状态。在许多村子里，经常看见木屋失火的痕迹，加上南方气候潮湿，还有虫蚁的侵害，能保存下来的已是万幸了。

小杜研究后，确定他收藏的这对"牛腿"，应是东阳木雕发展的鼎盛时期——"嘉道"（清嘉庆或道光）年间的作品。如今的小杜变成了行内的杜老师。

民间木雕，主要有建筑木雕、家具木雕和工艺术雕。建筑木雕主要用来装饰建筑涉及的门窗牌楼。小杜收藏的属于建筑木雕中的徽雕和东阳木雕。徽雕以歙县木雕为代表，东阳木雕是以浙江东阳命名。这两种木雕以浮雕技艺为主，立体感较强。

161

尤其东阳木雕，历史上名声大，东阳木雕自明代后期就一直很出名了。经过"康乾盛世"，民间工艺的提高，人们对艺术的追求也有所突破，官商显贵之家，无不把自家房屋精雕细刻。文学作品、神话故事、戏曲诗歌、名胜古迹、风情民俗、山水花鸟都作为雕刻的题材，在屋架、房梁、撑拱（"牛腿"）上表达了人们对美好生活的向往，也成为永不落幕的戏剧。当地的南寺塔、肃雍堂等东阳木雕极为壮观。据史料记载，清乾隆年间，东阳木雕四百多名能工巧匠进京修缮宫殿，雕制屏风、落地罩、宫灯，雕梁画栋，创造了中国木雕史上的辉煌篇章。

我们听着小杜娓娓动听的介绍，有相识（木雕）恨晚之感。

小杜最早没有下手收藏瓷器，后来剑走偏锋，另辟蹊径，收藏门窗，终也修成正果。

从*潘家园*翻出的历史

"破烂儿王"王富

现在逛潘家园收藏书籍资料、名人信札的人，没有人不知道王富的。我对革命文物的收藏，以至后来我出版的早期革命文物收藏集锦《红色典藏》，王富是我最早的供货人和主要资料的提供者。抗战胜利60周年，我通过新华社向媒体公布的《抗日三字经》；中国共产党成立85周年时，我向媒体公布的《中华苏维埃政府选举法》以及我收藏的五四时期在上海创办的《小说月报》、1924年创办的《语丝》周刊全套，沦陷期20本120万字的《北平日记》等珍贵历史文献，都是从王富手中购得。纸张类的文献、资料类软文物，信息量最大、最直接。在古董、字画收藏热的今天，是王富另辟蹊径，开辟和引领了软文物收藏的先河。

初识王富

我认识王富是在20世纪90年代初的地摊上，那时的地摊应该是潘家园市场南边，现在的妇女医院所在的地方。门朝西开，说门其实没有门，是个豁口。这时，也是王富刚入地摊不久。那时只有古玩器物摊，没有像现在这样的书摊。王富拉着个排子车，排子车上有书、邮票集、相册、纸张资料，有时也有几轴画。他总是站在进门的门口。后来才知道是他里边没摊位，因为摊位是要摊位费的。一次我在一捆

163

纸里翻出一张八开纸用毛笔字写的"交代材料"，落款是"罗工柳"签字和按的红手印。当时我的兴趣主要在古玩杂项上，其次是画。虽没涉足资料收藏，但对美院的东西还是感兴趣的，对罗工柳这个油画大家还是知道的。交代材料写于1968年7月19日。内容大致是：

> 1959年，革命博物馆布置绘画任务时，最初打印的目录，后来有一次大的变动。这次把原有"毛泽东和矿工"改为"刘少奇和安源矿工"，还有其他比（较）大的变动。这是由陈列部谢炳志和沈庆林在陈列部办公室通知我改的。然后让我向外布置任务。我经过美协把"刘少奇和安源矿工"这个大毒草题材布置给美院侯一民。但后来陈列部谢炳志和沈庆林又要我布置人画"毛主席在安源"。这个任务我布置给辛莽，并派辛莽到安源去过。

在"罗工柳"落款和落的日期下边注有"罗工柳被揪出批判，此供参考。"落款是"中央美术学院工革委1968年7月18日"。

我问王富要多少钱？王富说你看着给吧，我看得出是他心里没谱，大概也不知道罗工柳是何许人也，更不会知道毛主席去安源是怎么回事。我说100元怎样？王富瞪着眼睛傻傻地看着我半天才说，你再随便拿两件吧！我看着王富，头发蓬乱，衣服也不合身，像是捡来穿上的，但人很实在。我在他排子车上又翻出一本影集是梅兰芳原照，从九岁的梅兰芳到演霸王别姬的梅兰芳，足有一百多张。还有一札信，是国民党元老写给我党一位要人的信。我告诉王富，梅兰芳是京剧大师，你看还跟毛主席有合影呢，可开价500元，信札可开价1000元。也给他讲了罗工柳。王富感谢再三。

我认识了王富。从此我在潘家园，只要碰上他，都会先看一遍他的货，告诉他哪些东西有价值。可惜我当时对资料性的东西还没像后来有这么大的兴趣。我之所以要罗工柳的"交代材料"，不止因为罗工柳是油画大家，更主要是因为其中谈到毛主席和刘少奇去安源。我对

从潘家园翻出的历史

革命文物有着浓厚的感情和兴趣。我也与王富交上了朋友。

要饭的王富

王富，从他父母给他起的名字看，是想让他富，真是越是穷人家越祈求富裕啊。王富出生在山东省泰安地区东平县农村，在三年暂时困难时的 1962 年出生。姊妹五人四个男孩他排行老三。他出生不久，患小儿麻痹，无钱医治，留下左腿残疾，走路手扶膝盖，歪着个身子，一瘸一拐的。

王富其实不富，其貌也不扬。他不但有残疾，脸还像从炭堆里钻出来的一样，黄里透黑，带着明显的先天营养缺乏症状。唯一提神的是那双炯炯有神的大眼睛。

到了 1989 年，王富艰难地活了 27 岁，与王富同龄人的孩子都上小学了，他自己还光棍一条，靠父母养着。一天，兄弟们凑在一起对王富说，你出去吧！能要口饭吃你就活着……王富妈妈偷偷塞给他五元钱。王富说，他哭了，他一步一回头，恋恋不舍地离开了养育他的家乡。

破衣烂衫的王富要饭来到泰安市。一天，王富看到一辆拉胡萝卜的卡车，饥饿难忍的王富趁司机到路边饭馆吃饭停车的工夫扒上了车，藏在盖有帆布的卡车拖斗里。萝卜填饱了肚子，心想拉到哪儿算哪儿吧。一觉醒来到了第二天的清晨，这一下才知是首都北京，是北京南站。王富扒上的车原来是给北京送菜的车。

王富开始了他要饭的生涯。在车站要饭和到垃圾桶里捡别人扔的饭盒剩饭，晚上睡在候车室，这一下就是一年多。

捡破烂儿的王富

王富说，我要饭、捡饭吃的时候经常想，怎么能挣点零花钱啊？

不能偷不能抢。后来我看到在候车室等车的人把看过的报纸扔了，我就把它捡起来再卖给别人接着看。再后来，听说废纸也能卖钱，我看到候车人垫在屁股底下的纸，人走后，满广场到处都是，在我看来这哪儿是废纸，这遍地是人民币啊！我就捡啊捡啊，由于咱有残疾，腰弯来弯去很不舒服，后来我就一手拿个头上带钉子的棍子，一手掂个编织袋来捡，舒服多了，捡后去附近的右安门废品收购站卖。

好人王富

　　我在南站捡破烂儿时还捡到个孩子。孩子用一个小花棉被卷着，还有个纸条，清楚地写着孩子的出生日和时辰，生下来刚三天。字条上还写着：孩子是第三胎，付不起罚款，望有善良心的叔叔阿姨能养活她，给她口饭吃。还有奶瓶和一袋奶粉。这孩子有残疾，一只耳朵有听力，一只耳朵没耳眼。我想。我不也是因残疾才到这个地步吗？我看着耷拉着脑袋、快要饿死的孩子，再不喂她肯定很快就会饿死，我抱起孩子哭了，可能是同病相怜吧。就这样，我用捡破烂儿卖的钱买奶粉喂了她半个月，又搭了个不花钱的车，把她送到我老家，给我妈留下我捡破烂儿攒的一百多块钱。王富擦了擦眼泪，脸上顿时现出幸福的笑容。在我找到老婆后，就把我闺女从山东接到了北京，我们两口子像对待亲生的一样对待这孩子。王哥，你前几天到家里去见到的我的大闺女就是她，今年十五岁了，在北京上初中。

　　我感叹，王富不只是个勤奋的人，吃苦耐劳的人，还是个有血有肉有感情的人。我交这样的朋友交对了。

满腹经纶的王富

　　王富继续讲他的破烂生涯。一次捡到几本被丢弃的书，被别的旅客买走了，比废纸值钱多了。这引起了我的琢磨，在我向右安门废品站卖我捡的烂纸时，发现有成捆的陈旧书刊，我买了回来。

这个时候我已知道了有旧货市场，在那里卖旧东西，比废品站卖得价钱高。那时的旧货地摊在劲松电影院南边一片有土堆的空地上。我清楚地记着，第一次我卖了四十五块钱，是我有生以来第一次见到这么多钱。从此我告别了捡破烂儿，开始了串废品站回购旧书旧信札资料，周末去潘家园卖。从泡废品站，发展到跑大机关，蹲博物馆、档案馆、出版社。甚至一个地方一泡就一天。起初我不管什么一律每件五元。是王哥你告诉我哪些值多少钱，为什么值钱；哪些不值钱；哪些是出于名人之手。我都一一记着，我还捡了本旧字典，不认识的字就查。记着有一本梅兰芳原照影集，你告诉我可开价 500 元，结果 400 元卖掉了。我在废品站一堆烂纸中翻到一张清康熙圣旨，拿到潘家园，两个买家各扯一半，价加到 900 元。

从这以后，只要见到一两件值钱的我就成堆买下，买下来回来再淘，坐上小板凳将整麻袋、整箱的东西倒出来，一件件看，一件件辨别，这两次淘宝别提多美了。

王富说：一次从一堆资料中竟淘出周恩来写的"为建设人民文艺而努力。敬文先生　周恩来"，后来查资料知道，是 1949 年 5 月钟敬文到北京筹备并参加全国文联第一次代表大会，被选为文联全国候补委员及文学工作者协会常委。是周总理此时给钟敬文的题词。还有一次淘出了在解放太原时，茅盾先生的女婿（女儿沈霞的爱人）萧逸牺牲，茅盾先生用小楷书写在约 30 公分长、20 公分宽的宣纸上，写给时任新华社记者张帆先生的信……王富如数家珍。

现在的王富对文化名人，他不但知道郭沫若、茅盾、老舍、丁玲、巴金，连周汝昌、李希凡，甚至贾平凹他都知道。更让我刮目相看的是他熟知钟敬文怎么与周恩来熟悉，童小鹏做过周恩来总理办公室主任，就连吕振羽在延安时期做过刘少奇秘书他都研究过。

我问王富有什么诀窍？这么大个北京城怎么去淘宝啊？王富笑笑，说了两句话，都离不开垃圾，就是名人家的垃圾，还有一句就是博物馆、档案馆、大机关和废品站管垃圾的人。

现在遍及全北京城大的废品站，各大博物馆、档案馆、图书馆，还有美院、社科院等凡是能出"东西"的地方，都有我布的网点。有的得到一个信息，追踪到外地。一次，了解到商务印书馆一批民国时期的东西流落到山东，我就跟去了，整整一卡车80箱东西全部买了下来，民国名人的手稿、书信往来很多。

我布的网点的人大都与我沾亲带故，只要有好东西它就跑不掉。我也不亏待他们，从他们手里买；他们实在找不到东西，我也给他们钱，让他们生活过得去。

麻烦不断的王富

我问王富，你从垃圾里淘宝遇没遇到过什么麻烦？王富说有啊！多着哩！

一家有名的出版社在地下室存了几麻袋的50年代到60年代的资料，里边有伟人，还有巴金、丁玲等名人写给出版社的信札，还有画家傅抱石的插图原稿呢！他们要搬到新的楼房，看都没看就当垃圾卖了，被我布的网点收了。买我货的人看到作品上有那家出版社的标记，就找到那家出版社，核实是不是从他们出版社出来的，以证明真伪。这下，出版社可火了，不查谁卖的，但要查谁买的。领导亲自出面，要收回！

还有一位老领导去世了（后来我才知道，这位老领导是在粉碎"四人帮"后管高级干部落实政策的大官）。由于年老，他把家当成了办公室，去世后，他阅过的档案和别的领导人给他的信件和有关的批示，被家人当垃圾卖了。从我这里买到这些东西的人写了文章，有的还在国外发表。老人生前所在的单位不干了，找到老领导的秘书要追查。找到我。

王富笑笑，两个胳膊一奓拉，"我只上过三年小学，又是个捡破烂儿的，我哪有那么高的政策水平啊"！

王富继续说，还有一位公子哥儿最可气，他们家要搬家，他爸爸是个文化界的大名人，他听说我高价收名人遗弃的破烂儿，就找到我，把他爸爸几十年的手稿，名人给他爸爸的信，包括他爸爸给他妈妈写的情书等全部卖给了我。我还问过他，老爷子知道吗？他说，这些都过时了，没用了！这小子看我提着个破麻袋，还真把我当成捡破烂儿的了，一分钟都不愿让我多在他家待，点完钱就直接轰我走。这事过了几天，被他老爷子知道了。那小子找到我，大哥长大哥短，就当帮他个忙，意思要我把资料还给他。后来老爷子也拄着拐杖来了，说那是他从50年代到现在几乎一生的心血。我也能理解老人家的心情，可我这里的货走得快，收藏家收到这些东西要退就难了。

软文物保护神王富

进入90年代，档案馆、博物馆、图书馆和各大机关，一是拆迁，资料档案搬家，遗弃大量资料；二是上电脑搞索引，又扔出大量管理人员认为没必要再存档的资料。听说，一家国家级的出版社因搬家扔出两麻袋资料，就不乏有五六十年代伟人的题词和名人的书信，被人花70万买走了。

我跟收藏界的朋友讲，90年代的书摊相当于80年代的古玩地摊。现在的书摊可收的东西，仍然相当于十年前的古玩地摊。

王富说，这十多年他卖的书籍、资料，可以用卡车拉几车呢。我觉得，王富是软文物（纸类）的保护神。从书籍、资料到名人信札，尤其是红色文物，仅我从王富手里收藏的就有数百件之多。我想，要不是有王富，有王富布下的网络，不知多少有价值的软文物进了纸浆厂和焚烧炉。

富裕了的王富

王富把母亲也从山东老家接到了北京。兄弟姊妹和他们的孩子们也大都跟着王富来了北京。如今都是王富部署在网点上的最可靠人员。

2006 年 4 月 2 日是王富母亲 80 大寿，王富在人民大会堂对面的历史博物馆四楼宫廷御宴厅设宴，邀亲朋好友数百号人为母亲祝寿。

如今的王富成了名副其实的富人。在潘家园新落成的现代收藏品市场二楼租了 40 平方米的门市，专卖书札、资料。有车、有在立水桥北苑家园买的两室一厅的住房。老婆是安徽阜阳地区阜南县人，又贤惠，又聪明，又有文化，是王富的秘书、助手加司机。现在拨通王富的手机，你会听到《吉祥三宝》的音乐："爸爸像太阳照着妈妈，那妈妈呢？妈妈像绿叶托着红花，我呢？你像种子一样正在发芽，我们三个就是吉祥如意的一家。"这正是现在王富幸福一家的写照。

从潘家园翻出的历史

周树吾与我的红色文物收藏

在 2006 年 8 月，纪念红军长征胜利七十周年前夕，我有幸收藏并向媒体公布了 1930 年兴国县苏维埃政府编印的《红军歌曲集》，这本珍贵的红军资料发现于江西省兴国县。

江西省赣州市周树吾先生是我红军时期文物收藏的主要提供者。初识周树吾，2004 年 10 月，在潘家园的现代品收藏楼文化城的二楼大厅（当时是在潘家园书摊基础上，刚刚落成书籍资料的现代品收藏楼），是从他手里买了 1933 年的"中国共产党党证"开始的。周树吾先生是位票证收藏家，有十多年的收藏历史。他退休后，专心于红色文物的收藏与整理。

《红军歌曲集》，是周树吾先生从兴国县一位老红军后代家中获得的，之后他曾转给一位收藏家。在纪念红军长征胜利七十周年之际，他听说我对《红军歌曲集》势在必得，就又回购了回来，连同数百件中华苏维埃及红军资料一起给我送到了北京。

后来，他又给我拿来两册《革命歌谣选集》（注有《青年实话》丛书）。

我研究后认为，红军歌曲汇编成集，这个本子应是最早的版本，也是中华苏维埃政府印发的最早的歌曲集，为目前仅存的一本。集子开篇是《国际歌》，之后有《工农暴动歌》、《红军歌》、《红军行军歌》、《十送郎歌》、《十送郎调》、《十劝妹歌》等二十余首。"耕田做

盖有"中华苏维埃政府"红色印章的分田证

红军会议通知

红军机关关于红军归队
给苏维埃政府的信函

1934年8月公略县政治
保卫局通行证

工的，饭都没得吃，为什么会这样……建设苏维埃，工农来专政"
（《工农暴动歌》），唱出了工农为什么要革命；"当兵就要当红军，处
处工农来欢迎；官员士兵饷一样，没有人来压迫人"（《红军行军
歌》），回响着战斗之声、时代之音；"十送郎十里亭，嘱咐情郎慢慢
行，革命成功回家转，再要同妹行长情"（《十送郎歌》），唱出了为了
革命成功，男女青年宁愿舍弃爱情的时代情操。

　　《革命歌谣选集》是《青年实话》丛书之一，而《青年实话》杂
志在苏区出版，1931 年创刊，1934 年因准备长征停刊。因此，《革命
歌谣选集》应在 1931 年与 1934 年间，晚于《红军歌曲集》。

　　《革命歌谣选集》里，有《苏维埃农民种田歌》，从正月耕田唱到十
二月耕田；有仿孟姜女春调《今年春耕》："英勇红军在前线，勇敢冲锋
杀敌人，今年春耕最紧要，红军公田要先耕"；《提早春耕歌》共十五节：
"粉碎敌人大进攻，苏区经济不被封，油盐布匹和洋火，船只装来用不
空"；《小放牛》是男女对唱："女：共产党宣言是什么人起草？十月革
命是什么人领导？什么人是中国工人的首领？什么人在中国做农运最早？
男：共产党宣言马克思起草，十月革命列宁亲领导，苏兆征是工人的首
领，彭湃同志做农运最早！女：田地工厂哪个强占起？世界万物哪个制
造的？什么人不劳动倒享福？什么人做苦工还要受冻饿？男：田地工厂
资本家强占起，世界万物工农制造的，地主资本家不做工倒享福，工农
群众做苦工还要受冻饿。女：什么东西甜如蜜？什么东西大如天？什么
东西硬如铁？什么东西红如血？男：分田胜利甜如蜜，阶级利益大如天，
红军纪律硬如铁，苏维埃旗帜红如血。"

　　周树吾先生还藏有《红军课本》。

　　《红军课本》中，有《为什么要建立识字班》、《共产主义是什
么》、《土地革命》、《怎样去分配土地》、《怎样去扩大红军》、《互济会
主义》等课文。

　　2006 年国庆长假，我在整理以往收藏的资料时，发现 2005 年 3 月
25 日从王富那里收藏的一麻袋资料里，有个卷宗是 1958 年筹备中国革

中国工农红军第一方面军第三军团总政治部布告

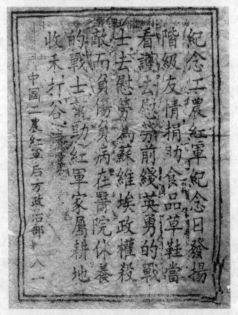

中国工农红军后方政治部为红军纪念日印发的号召书

命博物馆时征集的一批资料。大概是进行计算机检索或什么原因扔出来的，又被王富当破烂购得转给了我。

这堆资料里有1958年3月2日，江西省横峰县溪坂乡何家坝村老红军陈荣财写给博物馆的一封信，信中回忆了《红军歌曲集》、《红军歌谣选集》、《红军课本》，正好与我从周树吾先生那里收来的《红军歌曲集》、《红军歌谣选集》、《红军课本》的红军文物相呼应。

陈荣财在信中写道：

你（们）去年寄来我的信和苏维埃劳动童子团代表证收据已早收到。今日给你们回信写了一些闽浙赣省革命歌曲和革命书籍等给你们看看。我本人还背得出来好多革命书籍（书名），唱得出来一些革命歌（曲）。

这是《土地革命歌》：

革命大家向前进，工农兵联合，万众同一心，除军阀杀贪污，土劣要灭清，打倒国民党，消灭反动军，地主资本家，丝毫不顺（留）情，反动伪君子，议（一）心要铲除，革命方可成，共产主义胜，私有自逐灭，红军请（向）前进，建设又翻身，工农贡献大，耕者有己田，各尽所能，各尽要（其责），快乐园（远）无边。

这是赣东北苏区攻打上饶县《广信府歌》：

共产起革命，革命要围城，只要同志努力心（同努力），革命一定成，正月三十五，红军开上府，红旗调（飘），军无数，一统（同）跑上府，红军跑进城，看看又点名（注：这是放人点通），哨子一打齐围城，追进县堂门，枪子响一声，匪军吓一警（惊），丢了枪支走南门，快快去逃命，匪军浮桥过，桥上人又多，踩断浮桥滚下河，不知死几多，打开牢狱门，走出解了刑，放起火来烧县庭，衙门化成灰，农民莫吓警（惊），共产有几成，红军枪不乱打人，我是超（剿）匪军，打开汪恒昌（注：资本家店），没收

互济会会员证

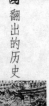

从**潘家园**翻出的历史

土地税免税证

1931 年红军路条

中国工农红军第四军为
请示提供担架运送伤员

编号 837 的布制"小红军"班长袖章

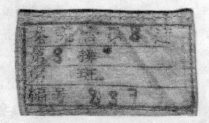

编号 837 的布制"小红军"袖章

你店也该当，你藏匪军把自（苦）偿，你店也该当，何必当匪军，你也是穷人，做了土豪走狗人，（扛）起枪子向红军。

这是闽浙赣苏区一九三四年敌人五次围剿时的宣传语：

我们无论如何要胜利要粉碎敌人

敌人五次围剿是最紧涨（张）的决战的时候，敌人第二十一师、十二师、五十七师真（正）在从上横余贵石（注：这些是县份）的苏区积极企图推进，实行取的（得）联系（合）。敌最后的步凑（骤），会攻我义阳九区、葛源。因此，粉碎敌人这一企图的决战任务，是紧涨（张）的摆在我们的面前（的任务）。为了保卫我们基本苏区、保卫苏维埃政权的基本组织、每个工农同志要啥（舍）得牺牲流血的精神、与敌人拼命的决战的时候到了！

这是闽浙赣省《工农读本》第三册书籍：

第六十一课，苏维埃教育

苏维埃教育是与国民党教育完全相反（的）。国民党教育是豪绅地主资产阶级的教育，是欺骗和麻醉（痹）工农的教育，是反革命的教育。苏维埃教育是对扩（广）大工农群众施（实）行共产主义的教育，是提高工农群众的政治文化水平，教育扩（广）大工农群众，是革命的教育，我们要打倒国民党反革命的教育，建立苏维埃革命的教育。

这是六十三课，斗争才是出路（六十二课我忘了）

离村离白色区域很近，白军时常到离村来打枪。有一天，白军进攻离村，村苏主席便召集群众大会，向着群众说，只有斗争，才是出路。全村群众听到这几句话，个个都紧涨（张）起来，大家拿着武器，向白军杀去，结果打死白军两名，缴倒（获）步枪三支。自（之）后白军便不敢到离村打枪了。

今日写的（到）这里为止，因我本人大老粗，文化水平很低，恐怕有些会错，写得不好请你原谅吧。你接信（后）请回信，下次又（再）写来一些土地革命材料送来你处为荷。

    敬礼

                              江西省横峰县溪坂乡何家坝村陈荣财
                              公元一九五八年三月三日

　　据周先生介绍，江西老区正在进行大规模的新农村建设。在进行新农村建设拆旧房建新房中，在旧房墙缝、梁洞中发现了一大批幸存的中华苏维埃、中国工农红军时期的革命文物。周先生走遍了赣州，进行了抢救式收藏。

　　周树吾给我提供中华苏维埃政府和中国工农红军的文物，《红军歌曲集》、《红军歌谣选集》、《红军课本》，还有中国工农红军总政治部出版、邓小平同志主编的一份 1933 年和三份 1934 年的《红星》报、中国共产党苏区中央局编印的《斗争》报、中华苏维埃共和国临时中央政府机关报《红色中华》、少共苏区中央局编印出版的《青年实话》、中国工农红军总政治部编印出版的《战士》等。在那恶劣的环境下，存世的应是极少的。此外，还有大量的红军路条、传单、文件和红军家信。

　　最动人的有两封红军家信，一封是红军战士梁昌顺写给母亲的，信中写道："儿在外只有坚决一致的粉碎敌人（第）五次围剿，才能保证分田胜利"；另一封是弟弟王金竹写给哥哥的信，信中写道："希望你在家要拿出列宁青年的艰苦精神，来领导千百万的劳苦群众，一同到前线来配合主力红军作战，争取五次围剿的决战全部胜利。这是唯一希望兄要做到的事情。"经查兴国县红军烈士名录，两位红军战士都在第五次反围剿中英勇牺牲。

　　读着这些信，何止用"震撼"二字来表达。我想，很多人看到这些言辞后，像我一样心灵都会得到净化的。读着这些朴实无华的词语，缅怀红军两万五千里长征可歌可泣的事迹，我想，红军的一张纸条儿，也许比价格不菲的宋版书更有价值。虽然有关红军的文物，不像现在

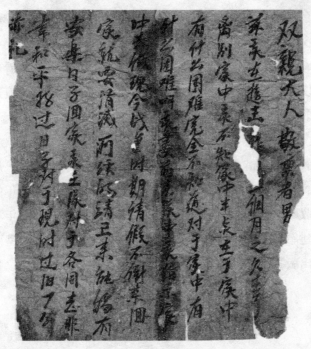

红军家信

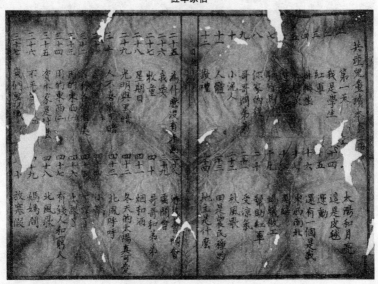

《共产儿童课本》第三册目录

炒得很热的明清官窑瓷器、名人字画、古迹善本那样抢手，但是，它的政治意义和历史意义要强过任何文物。

在收藏界，物以稀为贵，物以精为贵。红色文物虽然看似破破烂烂，有的文字甚至写在草纸和粗布上，但这些战火硝烟的痕迹却是无比珍贵的。

红色的感动，使我产生了抢救红军文物的念头。为了抢救这些革命文物，我甚至不惜卖掉自己收藏的珍贵瓷器和名人字画。从周树吾先生手里，我就收藏了三百件红军时期的文物，加上十多年的革命文物的专题收藏，解放军出版社为纪念红军长征胜利七十周年和中国人民解放军建军八十周年，以"红色典藏"为题，首次以大型画册的形式，专题出版我收集的红军时期的文物，这算是对我的红色收藏的最大鼓励。

重游北京后海古玩市场

我最早逛地摊搞收藏，是在后海，所以，后海常常令我魂牵梦绕。

2006年1月10日，为了帮助我回忆当年逛后海地摊的往事，我和同事重游了宋庆龄故居、银锭桥、郭沫若故居以及荷花市场。当时的文物地摊就在这块区域，在公安、文物部门等管理者们的驱赶下，追追跑跑地转悠。

重游后海，别有一番情愫在心头。

我们沿着当年我逛地摊的路线，从德胜门内大街南行，路旁的大杂院似乎还是许多年前的样子，有些陈旧、有些拥挤，两边成行的槐树已然凋零。我们左转向东前进，不多会儿到了宋庆龄故居，这里与我脑海中的记忆一模一样。故居对面的水面如今已结上厚厚的冰，岸边的垂杨柳已失去春夏季节的风姿。这时，天空飘起细密的雪花，使得这个冬日显得有些寒冷。但我们兴致盎然，步行片刻，到了银锭桥，这里依旧那么热闹，人来人往、川流不息，不同的是胡同两边多了许多现代气息的酒吧、咖啡厅。听街旁老人说，这里的晚上热闹得很……

我们途经郭沫若先生的故居，到了位于北海后门的荷花市场，这里就是当年有铁皮房的古玩店铺和几家花、鸟、鱼店，旁边有几个不大的土堆，除了那个写有"荷花市场"的红牌坊还有当年的印记外，其他的已和我当年的记忆相去甚远。年轻一些的人，都不知道当年这里曾是改革开放后北京最早的古玩市场，他们对这里的感觉，恐怕就仅仅是"北京著名的酒吧街"，是"小资"们的乐园……

我们转了一圈，又回到银锭桥，有"立地一望而大惊"（明崇祯帝曾在此感叹景色之美）之感。我不禁感慨时代的变迁，在这个越来越模式化的时代，古玩和古玩市场，会不会也像这条古玩街一样慢慢地消失?!

后　记

收藏者的最大欣慰，是对历史的补缺。

从 20 世纪 80 年代中期，我涉足收藏，北京后海古玩地摊、潘家园文物市场是我经常光顾的地方，每到周末都要到那里去转一转。起初我对陶瓷、字画比较感兴趣，但随着人生阅历和生活体验的增加以及收藏目的的逐渐明确，我开始对现代历史人物的遗物和历史文献以及民间文化感兴趣了，因为它信息量更大，对研究历史更直接而且更准确。凡是我认为有文化品位的、有益于研究历史的材料，只要过我眼目，便疏而不漏地收藏起来。渐渐地我收藏的历史文化资料越来越多了起来，终于有一天我感到有必要加以整理和结集。这就是本书问世的缘由。我名之为"从潘家园翻出的历史"。潘家园者，实乃文物市场之谓也！并非仅限于在潘家园收藏的东西，其他地方收藏的东西同样在其中矣。

在写法上，原本想采取对收藏品进行研究和品鉴的论说方式来表述，但是那样会由于自己知识的局限而偏颇甚至误解，把许多有意思的素材弄得枯燥无趣，使读者望之却步。故思之再三，还是采用一种讲故事的方式把一种原生态的东西不加粉饰地呈现给读者，以便于仁者见仁，智者见智。使读者轻松地去阅读、去欣赏，通过对收藏品的欣赏来了解历史，在历史的感慨中领会人类的奋斗精神和人类的文明。

在本书的编辑和出版过程中，中国社会科学出版社的胡靖和杨晓芳两位编辑做了大量的工作，从选题的策划到全书的结构篇章，从内容的修葺到照片和插图的编排，再到文字的修改和校对，无不浸润着他们辛勤的汗水，还有出版社的孟昭宇社长和曹宏举副总编，对本书的筛选、修改和完善亦提出许多宝贵的意见，没有他们的厚爱和劳作，本书的内容可能还会堆在被人忽视的角落里。在此，我只有深深地表示感谢。

王金昌

2007 年 12 月 8 日

从潘家园翻出的历史